CHRÉTIENS

ET

HOMMES CÉLÈBRES

AU XIXᵉ SIÈCLE

PAR

L'ABBÉ A. BARAUD

TROISIÈME SÉRIE

ALFRED MAME et FILS
éditeurs
TOURS

CHRÉTIENS

ET

HOMMES CÉLÈBRES

AU XIXe SIÈCLE

3e SÉRIE IN-8°

« J'appartiens à cette école politique qui pense que la plus grande de toutes les bénédictions
terrestres est trop chèrement achetée si on la paye d'une seule goutte de sang. »

(Paroles d'O'Connell.)

CHRÉTIENS

ET

HOMMES CÉLÈBRES

AU XIXᵉ SIÈCLE

PAR

L'ABBÉ A. BARAUD

TROISIÈME SÉRIE

TOURS

ALFRED MAME ET FILS, ÉDITEURS

M DCCC XCV

AU LECTEUR

Comme les précédents, ce volume contient des notices biographiques bien propres à édifier et à fortifier la foi du chrétien.

On y voit avec quel bonheur ces hommes, qui ont occupé une haute situation dans le monde, avaient embrassé les croyances et les pratiques de la foi, souvent après de longues années d'oubli ou d'égarement.

Et tous ces personnages ne sont pas les premiers venus : c'est l'élite de nos savants, de nos guerriers, de nos hommes d'État, de nos orateurs, députés et sénateurs.

C'est assurément un consolant et fortifiant spectacle que d'admirer cette pléiade d'hommes distingués par leur science, leur situation politique et leurs sentiments religieux; de retrouver dans ces grands chrétiens l'accord parfait de la raison et de la foi, de la science et de la religion, que l'impiété a regardé longtemps comme impossible.

Aussi bien, l'ensemble de ces volumes formera-t-il un véritable monument, élevé pour la défense et la glorification de la foi catholique. Et nous espérons le continuer.

A. BARAUD,

Curé de la Caillère (Vendée).

CHRÉTIENS

ET

HOMMES CÉLÈBRES

AU XIXᵉ SIÈCLE

———————

MOIGNO

INVENTEUR, MATHÉMATICIEN, CHIMISTE, LINGUISTE,
CHANOINE DE SAINT-DENIS

(1804-1884)

> « M. Moigno marche depuis un demi-
> siècle à la tête du mouvement scienti-
> fique en France. »
>
> J.-B. DUMAS,
> Secrétaire de l'Académie des sciences.

Ce savant célèbre est né à Guéméné (Morbihan). Son
père, qui s'appelait Moigno de Villebeau, avait abandonné son titre nobiliaire à la révolution.

M. Moigno entra de bonne heure dans la compagnie
de Jésus, où il resta dix-huit ans ; mais il en sortit
en 1844, sur les instances d'Arago, de Binet, d'Ampère et d'autres savants qui, admirant ses talents et
ses connaissances extraordinaires, voulaient le voir se
consacrer tout entier à sa science de prédilection au

1*

milieu d'eux, à Paris. Depuis, il a beaucoup regretté
l'isolement qui en est résulté pour lui.

Il était doué d'une grande aptitude pour les sciences
physiques et mathématiques et les langues, sa mémoire et son intelligence étaient prodigieuses. Théologie, linguistique, sciences exactes, sciences naturelles étudiées au point de vue théorique et pratique,
ce savant a tout abordé, tout pénétré. Capable de
réciter de suite les cent vingt-trois premiers chiffres
de *Pi*, il connaissait la hauteur de toutes les montagnes du globe, et répondait imperturbablement à
toutes les questions qu'on voulait lui poser sur les
dates de la vie de tous les rois de France, de tous les
papes depuis saint Pierre. Il possédait douze langues,
avait professé la théologie et la philosophie, et tout
récemment encore les sciences, dans la salle du Progrès, et n'avait rien oublié de ce qu'il avait appris,
et « il avait tout appris », dit M. Victor Fournel.

« En 1871, un obus prussien lui broya cinq cents
volumes; mais comme il les avait tous lus, il ne les
considéra pas comme perdus. Au minimum, il se rap-
pelait le livre, la page et la ligne où se trouvait le
renseignement dont il avait besoin. Sur son invitation,
continue Bernardille, je le mis à l'épreuve en lui
demandant à brûle-pourpoint les noms du trente-
sixième patriarche de Constantinople, du cent vingt-
troisième pape et du dixième comte palatin du Rhin.
Il réfléchit quelques secondes et répondit : « Sergius,
« Landon, Conrad de Souabe. » Je vérifiai aussitôt.
C'était bien cela. J'avoue que je fus saisi. »

Par goût et par besoin, M. Moigno collabora
pour la partie scientifique à l'*Époque*, à l'*Union*

catholique, au *Pays,* à la *Presse,* à l'*Univers,* au *Monde,* et traduisit une foule d'ouvrages scientifiques étrangers. Il a fondé le *Cosmos,* revue scientifique très estimée dans le monde entier, puis *Les Mondes,* qui sont réunis depuis et fondus dans le *Cosmos* actuel. Il avait parcouru toute l'Europe, s'entretenant avec les savants, fouillant les bibliothèques, étudiant les pays et rédigeant tout ce qu'il observait. Il a écrit la valeur de plus de cent volumes.

Aumônier du Lycée Saint-Louis, prêtre attaché à Saint-Germain-des-Prés, chevalier de la Légion d'honneur, chanoine à Saint-Denis en 1873, ces divers postes ne lui ont donné qu'un bien léger viatique pour l'aider à parcourir sa longue et laborieuse carrière.

M. Victor Fournel a donné, dans le *Moniteur universel,* les détails qui suivent sur l'humble savant.

« J'ai connu l'abbé Moigno à la fin de l'empire. Ce savant était diacre d'office à Saint-Germain-des-Prés.

« Mais ne croyez pas qu'il se plaignît de sa position. Non pas : ses goûts et ses besoins étaient modestes. Il s'acquittait de ses devoirs avec la régularité d'un jeune vicaire. Il interrompait un article des *Mondes,* sa correspondance avec J.-B. Dumas, ses recherches sur l'optique, la mécanique ou l'électricité pour réciter son bréviaire ou descendre à un convoi. Quand, plus tard, son traitement monta jusqu'à cent vingt-cinq francs par mois, il se trouva riche. Ce qu'il gagnait par ses travaux scientifiques, c'était pour l'entretien de sa bibliothèque. Ses cent

vingt-cinq francs par mois, accrus de quelque léger
casuel, suffisaient à la vie de ce cénobite.

« Il est vrai que la paroisse le logeait dans une
sorte de maisonnette, accolée au flanc de l'église.
On lisait sur le mur : *Sonnette des Sacrements.*
Souvent, la nuit, l'ami d'Arago et d'Ampère était
réveillé en sursaut, pour aller à travers la pluie ou
la neige porter le viatique à quelque bonne femme :
« Par bonheur, me disait-il, j'ai le sommeil d'un
« enfant ; dès que je pose la tête sur l'oreiller, je
« m'endors. »

« Il m'est arrivé de trouver ses portes ouvertes,
et d'errer dans les couloirs en jetant des appels longtemps sans écho. A la fin, la vieille bonne infirme,
qui le servait depuis un demi-siècle, arrivait, et
nous cherchions ensemble son maître, qui, parfois,
était parti pour le bureau du journal ou pour une
séance de l'Académie, en oubliant de fermer sa
porte.

« Et, en dehors de ses livres et de ses papiers,
qu'aurait-on pu lui voler ? Le mobilier de sa chambre
à coucher lui avait coûté trente-cinq francs dans une
vente de quartier. Il fut fracassé, le 20 janvier 1871,
par un obus prussien qui tomba sur la toiture de
Saint-Germain-des-Prés ; mais la ville de Paris,
dans sa munificence, recolla comme des objets précieux les fragments du bois de lit, de la table de
nuit et des chaises de paille. Quant au cabinet de
travail c'était un déversoir, un abîme où venaient
s'engouffrer, chaque jour, les publications scientifiques du monde entier.

« L'abbé Moigno était un correspondant avec tous

les chimistes, physiciens, mathématiciens et naturalistes du globe. Les fauteuils y servaient aux usages les plus divers, excepté à celui pour lequel ils ont été créés ; ils supportaient des in-folio, des ramés de papier noirci, des fioles, des échantillons, des appareils ; il se retrouvait sans peine au milieu de ce chaos.

« La vie de l'abbé Moigno était réglée et méthodique comme un théorème. Toujours couché entre dix et onze heures du soir, toujours levé à six heures du matin, eût-il été dérangé deux ou trois fois la nuit ; il ne faisait son premier repas qu'à midi. Et quels repas ! J'en appelle à ses invités, s'il en survit... Puis comment ne pas être doux avec un homme qui était la douceur même et se laissait mener comme un enfant ? »

M. J.-B. Jaugey décrit ainsi la physionomie du célèbre savant dans les dernières années de sa vie.

« L'abbé Moigno, dont M. Dumas disait naguère en pleine Académie qu'il marche depuis un demi-siècle à la tête du mouvement scientifique en France, est bien le plus curieux type de savant qui se puisse rencontrer. C'est un vieillard de près de soixante-neuf ans, de taille moyenne, un peu voûté, au pas alerte, aux mouvements vifs, à la voix douce, au timbre élevé, toujours armé de lunettes, et dont la tête fine, presque malicieuse, est couronnée d'abondants cheveux blancs. Au moral, c'est un caractère simple, naïf comme un caractère d'enfant, ardent et confiant comme on l'est à vingt ans, tenace comme on l'est dans le Morbihan, son pays natal.

« Il a passé dix-huit ans dans la compagnie de Jésus, et il en observe les règles autant que sa position le lui permet. Il remplit avec scrupule tous les devoirs du prêtre, et n'a jamais manqué, que trois fois, de dire sa messe, dans le cours de sa longue carrière sacerdotale de cinquante-cinq ans. Il trouva le temps de dire régulièrement son bréviaire en rédigeant à lui seul *Les Mondes*, en écrivant les *Leçons de mécanisme analytique*, en préparant ses cours, et il n'a jamais songé que ses travaux transcendants puissent l'autoriser à demander une dispense quelconque. »

Si maintenant vous voulez l'interroger, il est à vos ordres, prêt à scruter avec vous les problèmes les plus ardus de la science, ou à descendre jusque dans les plus minces détails de la pratique; ou enfin, si vous venez à lui comme à l'un des ministres de la sainte Église, tout disposé à dissiper vos doutes, à affermir vos faiblesses et à guérir vos blessures. Car le cœur du saint prêtre n'était pas desséché par les formules abstraites de la science, il était plein de charité pour Dieu et les âmes. Son zèle pour les âmes, il en donnait des preuves chaque jour et presque chaque nuit, puisqu'il mettait son temps si précieux à la disposition du dernier des pauvres malades qui le faisaient demander.

Son amour pour Dieu était plus ardent encore. Il n'avait qu'un but dans toutes ses études : être utile à Dieu, à sa religion, au salut des âmes. La gloire de Dieu, c'est à cela que tendaient toutes ses veilles et ses immenses travaux, et quelques jours avant sa mort, répondant lui-même à un renseignement sur ses œuvres, il nous écrivait sur le lit où il devait mourir peu après, avec une humilité et une piété extraordinaires :

« A Monsieur l'abbé Baraud :

« Mon cher confrère,

« Priez bien pour moi ; je suis cloué, assis sur mon fauteuil par une plaie au pied. Demandez mon rétablissement, car j'ai encore beaucoup à faire en dépit de mes quatre-vingt-un ans.

« Votre humble confrère,

« L'abbé F. MOIGNO, »

26 juin 1884.

On le voit, le courage et l'espoir ne lui manquaient pas.

La simplicité était encore une vertu qu'on admirait en lui. Cette simplicité, caractère du grand en toutes choses, caractère commun de la vraie vertu et du vrai génie, faisait le charme de sa personne et de sa conversation. Il était humble et petit avec tout le monde.

La pauvreté enfin fut toujours sa vertu favorite. Il a vécu pauvre, et est mort si pauvre, que quelques amis ont dû subvenir aux dépenses de ses dernières semaines de maladie, car il n'a jamais voulu amasser ni garder, suivant à la lettre le conseil de Jésus-Christ dans l'Évangile. Il a fait la fortune de plusieurs par ses inventions, non la sienne. C'est lui

qui a lancé M. Giffard, à qui il a fait gagner plusieurs millions, et celui-ci, oubliant l'homme généreux qui l'avait si puissamment aidé, a laissé à l'État
son immense fortune. Sans cesse, M. Moigno disait :
« Je veux enrichir telle bonne œuvre, telle mission
avec une invention nouvelle que j'ai ici. » C'est vrai,
il promettait et donnait d'avance, et d'autres profi-
taient de l'invention ; et c'est ainsi qu'il est sorti de
ce monde aussi pauvre qu'il y était apparu.

Mais s'il fut pauvre des biens de ce monde, nous
savons que son cœur fut riche de bonté, son âme
riche de vertus, et qu'il a laissé à tous l'exemple de
ce que peut, dans l'ordre intellectuel, le travail opi-
niâtre joint au talent, et dans l'ordre moral, la fidélité
au devoir soutenue par l'amour de Dieu.

Deux ans avant sa mort, ce prêtre savant avait
offert à Léon XIII le seul exemplaire du recueil du
Cosmos qu'il possédât et qui vaut une somme énorme,
cette collection étant devenue des plus rares. Le pape
l'a fait placer dans la Bibliothèque vaticane.

MONTALEMBERT (DE)

PAIR DE FRANCE, ORATEUR, DÉPUTÉ.

(1810-1870)

> « Nous montrerons au monde qu'on
> peut être chrétien sans être rétrograde,
> et servir Dieu avec la noble humilité
> d'hommes libres. »
>
> (DE MONTALEMBERT.)

« Je suis le premier de mon sang qui n'aie guer-
royé qu'avec la plume, » a dit Montalembert ; mais
comme tous ses aïeux, à la tribune et à la presse,
il aima et fit la guerre pour la sainte cause de
l'Église : il fut dans les assemblées parlementaires le
grand champion de la liberté religieuse et de l'enseignement catholique.

C'est à ce titre que nous devons inscrire ici son
nom et ses victoires.

Le comte Charles de Montalembert est né à Londres,
en 1810. En 1826, entré au collège Sainte-Barbe,
à Paris, où la politique et les journaux de l'opposition avaient pénétré, le jeune homme se rendit populaire parmi les libéraux du collège ; mais quand il
s'agissait de religion, il était seul de son avis, seul
croyant parmi les incrédules, et il n'en rougissait
pas.

Fils d'un pair de France, encore seulement rhéto-ricien, il se sentait appelé à la défense des droits de l'Église dans la vie politique : « Nous montrerons au monde, disait-il déjà, qu'on peut être chrétien sans être rétrograde, et servir Dieu avec la noble humilité d'hommes libres. »

Et ce qu'il disait si bien, il le pratiquait coura-geusement, au milieu d'une société si troublée. Écou-tons-le dans l'ardeur de sa jeunesse et de sa foi : « Tout le monde se moque de moi. Je n'entends résonner que les noms de globiste, doctrinaire, jeu-nesse présomptueuse, ardente et folle... Je défends les Jésuites toute la journée, ce qui paraît étonner beaucoup papa. »

C'est qu'en 1828, comme le remarque M. Fourier, il était très original de défendre les Jésuites.

Montalembert courut en Irlande voir de près et entendre celui qui devait être son modèle dans les luttes quotidiennes, le grand O'Connell.

De retour à Paris, croyant trouver, dans Lamen-nais et Lacordaire, les compagnons d'armes qu'il cherchait, et dans le journal *l'Avenir*, un moyen d'action plus puissant pour revendiquer les droits de Dieu, il s'associa avec ces hommes de talent, heu-reux de lire en tête de *l'Avenir* cette belle devise : *Dieu et la liberté*. « S'il nous eût été donné, écri-vait-il alors, de vivre au temps où Jésus vint sur la terre et de ne le voir qu'un moment, nous eussions choisi celui où il marchait couronné d'épines et tom-bant de fatigue sur le Calvaire. »

Paroles enthousiastes, qui montraient bien la géné-rosité de sa foi.

Un article de la Charte avait promis la liberté d'enseigner. L'*Avenir* insista pour l'exécution de cette promesse. Le gouvernement répondit en poursuivant les curés de Lyon, qui donnaient des leçons de latin à leurs enfants de chœur : « Eh bien, dit Lacordaire, puisque le gouvernement nous refuse la liberté, nous la prendrons. » Et avec Montalembert et M. de Coux, il ouvre une école qui fut fermée le lendemain.

Montalembert, traduit avec ses courageux complices devant la Chambre des pairs dont il faisait partie, répondit au chancelier Pasquier, qui lui demandait ses noms et qualités : « Charles, comte de Montalembert, âgé de vingt et un ans, maître d'école et pair de France. »

Après le réquisitoire du procureur général, le jeune défenseur de la liberté d'enseignement, se levant, fit entendre ces belles paroles : « La tâche de nos défenseurs est accomplie, la nôtre commence. A nous, accusés, il appartient de parler un autre langage, celui de nos croyances et de nos affections, de notre cœur et de notre foi, le langage catholique. »

C'était la première fois, dit M. Fourier, que les pairs l'entendaient sous cette forme. Les assemblées de la Restauration avaient vu à la tribune des catholiques royalistes, Bonald, Chateaubriand, mais jamais de catholiques tout court : « Nous sommes résignés à tout, ajoutait fièrement Montalembert, à tout, si ce n'est à la servitude; il est bon que le pouvoir le sache et s'en souvienne. »

Le procès de l'école libre fut suivi de la disparition de l'*Avenir*, et quand Lamennais se sépara tristement de l'Église, Montalembert, donnant un magnifique exemple de la soumission de sa foi, envoyait à Rome son adhésion aux deux Encycliques qui avaient condamné son maître.

Montalembert n'était lié à aucun parti politique. Avant tout il était parlementaire, et avant d'être parlementaire il était catholique. Il fut le premier des catholiques qui, dans une Chambre française, invoquât la liberté contre la tyrannie gouvernementale ; le premier des libéraux qui osât franchement se dire catholique, et réclamer pour ses coreligionnaires autre chose que le droit d'être toujours les serviteurs du gouvernement. En 1835 il était à la Chambre haute le seul de son opinion.

C'est à cette époque que Montalembert forma le projet de constituer un parti catholique : « Il faut, disait-il dans une lettre à Biot, qu'il se forme en France un parti catholique pur, libéral sans être démocratique, et conservateur sans être absolutiste ; voilà ce qui est évident pour toi comme pour moi. »

La ligne de conduite du jeune orateur ne fut pas alors approuvée par tous les catholiques et tous les membres du haut clergé ; mais plusieurs évêques, entre autres Mgr Parisis, lui apportèrent franchement leur adhésion, et le nonce du pape en France dissipa les scrupules « en déclarant qu'à ce moment c'était aux laïques qu'il appartenait de sauver l'Église [1] ». En 1836, Grégoire XVI lui-même le félicitait de son attitude, et ajoutait : « L'Église est amie de tous les

---

[1] Fourier, *Illustrations du XIX* siècle.

gouvernements, quelle qu'en soit la forme, pourvu qu'ils n'oppriment pas sa liberté. » C'est à Montalembert que revient en partie l'honneur d'avoir

Le comte de Montalembert.

choisi ce terrain pour engager la lutte contre le pouvoir.

Ses principes l'avaient fait l'ennemi acharné de l'université, qui tendait toujours au monopole de l'enseignement. « Adversaire déclaré de la centralisation, il jugeait que l'État avait bien assez de rendre la justice, de faire la police, d'être législateur, juge, gendarme, chef de bureaux, sans aller s'établir encore maître d'école de pension, et il pensait avec Mme de Staël que « la religion n'est rien si elle n'est pas tout ».

« C'est le 6 juin 1842 qu'il porta pour la première fois cette question à la tribune. A la fin de l'année, il composa sa brochure : *Du devoir des catholiques dans la question de la liberté de l'enseignement.* Elle donnait à la fois le signal et le programme de la campagne. Le moment était bien choisi : pour la première fois depuis la Ligue, les catholiques s'entendaient en dehors de toute question politique ou dynastique, et s'organisaient pour la défense de leurs droits : en tête les évêques tels que Mgr Parisis, puis l'élite du clergé, les PP. Lacordaire et de Ravignan, qui refaisaient dans Notre-Dame un auditoire à la parole chrétienne ; les abbés Gerbet, Dupanloup, Combalot ; pour les soutenir, des laïques comme Berryer, de Carné dans les Chambres, comme Louis Veuillot dans la presse, comme Ozanam et Lenormant au milieu même de l'Université [1]. »

Devant ces justes revendications, Louis-Philippe ne voulait pas céder. Dupin pressait le gouvernement d'agir avec vigueur, il avait dit au ministère : « Soyez implacables.

— Eh bien, répliquait Montalembert, soyez-le ; faites tout ce que vous voudrez et ce que vous pourrez... Nous ne sommes pas à craindre pour vous, et

---

[1] Fourier, *Illustrations du XIXe siècle.*

nous ne vous craignons pas. Au milieu d'un peuple libre, nous ne voulons pas être des ilotes ; nous sommes les successeurs des martyrs, et nous ne tremblerons pas devant les successeurs de Julien l'Apostat ; nous sommes les fils des croisés, et nous ne reculerons pas devant les fils de Voltaire. »

Les « fils des croisés » firent fortune ; en chef de parti qui savait son métier, dit son biographe, Montalembert avait trouvé le mot de ralliement.

Dix jours après, le rude champion de la cause catholique reprenait la parole dans une discussion de la loi sur l'enseignement secondaire, présentée par Villemain et soutenue par Cousin, qui s'étonnaient de l'acharnement de Montalembert contre l'éducation dispensée par l'État. « Villemain, dit M. Fourier, s'impatientait de l'opposition de ce « jeune « homme », qui avait l'audace de tout dire, et Montalembert se moquait audacieusement des peurs de ses adversaires : « Vous peuplez tout, Chambres, « académies, tribunaux. A la Sorbonne comme au « palais de justice, au Collège de France comme à la « cour de cassation, vous parlez toujours et vous « parlez tout seuls. Vous êtes les seuls maîtres, et « vous l'êtes partout. Vous êtes tout et nous ne « sommes rien, et cependant vous tremblez. Devant « qui? devant nous, pauvres fanatiques ultramon- « tains, devant la sacristie, comme vous dites. »

« Il s'en vengeait en traitant l'université de mandarinat. Le mandarin Villemain ne trouva rien à répondre. »

Sa loi ne passa qu'à dix-huit voix de majorité.

Ce qui faisait la force du redoutable orateur c'était, avec le souffle puissant de sa fougueuse éloquence et de l'ardeur de sa foi, son indépendance de tout et de tous. Il n'avait à ménager ni groupe politique, ni ministère, ni électeurs. Pour plaider sa cause, il se plaçait toujours au point de vue catholique; c'est de ces hauteurs qu'il dominait toutes les opinions et tous les partis, et que sa voix résonnait jusqu'au fond des cœurs de tous les enfants de l'Église. En 1831, sa devise était: *Dieu et la liberté; Dieu et la société* fut sa devise en 1848.

« La vieille société est une guenille, répétaient les socialistes.

— Guenille si l'on veut, ma guenille m'est chère, » répondait-il; et il repoussait de toutes ses forces la solution qui consiste à la découper en morceaux, et à la faire bouillir dans la chaudière du socialisme.

En 1849, Victor Hugo, nommé à Paris par les conservateurs, en prit texte pour attaquer d'une façon inattendue la politique des papes, dans un débat à la Chambre sur l'indépendance pontificale. Acclamé par la gauche, il descendit de la tribune, dit M. Fourier, et pendant que Montalembert y montait pour lui répondre, il s'en alla.

« Messieurs, commença son adversaire, le discours que vous venez d'entendre a déjà reçu le châtiment qu'il méritait dans les applaudissements de l'opposition. »

A ces mots, la gauche interrompt avec fureur; et pendant cinq minutes l'orateur est obligé de s'arrêter : « Puisque le mot de châtiment vous blesse,

dit-il en reprenant, je le retire et j'y substitue celui
de récompense. »

C'est dans ce discours que se trouve le fameux
passage sur l'Église, tant admiré : « On peut nier
la force du saint-siège, mais non sa faiblesse, qui
fait sa force insurmontable contre vous... Permettez-
moi une comparaison familière. Quand un homme
est condamné à lutter contre une femme, si cette
femme n'est pas la dernière des créatures, elle peut le
braver impunément. Elle lui dit: « Frappez, mais vous
« vous déshonorerez, et vous ne me vaincrez pas. »
Eh bien ! l'Église est une femme ; elle est bien plus
qu'une femme, c'est une mère. (Une triple salve
d'applaudissements accueille cette phrase.) C'est une
mère, la mère de l'Europe; c'est la mère de la société
moderne. On a beau être un fils dénaturé, un fils
révolté, un fils ingrat, on est toujours son fils ; et il
vient un moment où cette lutte parricide devient
insupportable au genre humain, et où celui qui l'a
engagée tombe accablé, anéanti, soit par la défaite,
soit par la réprobation unanime de l'humanité. »

Les *Débats* constatèrent alors que jamais discours
n'avait été plus applaudi dans aucune assemblée déli-
bérante; et Thiers, émerveillé, disait : « Montalembert
est le plus éloquent des hommes, et son discours est
le plus beau que j'aie jamais entendu. Je l'envie pour
cela; mais j'espère que cette envie n'est pas un
péché; car j'aime le beau, et j'aime Montalembert. »

En 1851, élu député du Doubs, Montalembert
continua sa lutte au Corps législatif en faveur de la
religion. Les travaux des Chambres ne l'avaient pas
empêché de se livrer à d'autres études. Déjà, dès

2

l'âge de vingt-six ans, il avait donné sa *Vie de sainte Élisabeth*; plus tard il publia les *Moines d'Occident*, où il étudiait l'influence des saints dans la vie sociale. Il écrivit beaucoup d'articles dans le *Correspondant*, et fit paraître le *Père Lacordaire*. Ainsi Montalembert a eu la gloire de figurer au premier rang dans la grande et longue lutte qui devait enfin conquérir la liberté d'enseignement en France. Nul n'y déploya plus d'énergie, plus de talent, plus de persévérance; nul n'a plus de droit à l'honneur de cette glorieuse victoire.

Nous n'avons point à juger ici ses illusions par rapport aux idées libérales, qu'il professa et qui le poussèrent à l'opposition au moment du concile de Rome : c'est le rôle de l'historien. Nous nous souviendrons seulement de cette noble parole, bien digne de sa foi ardente, adressée à un ami qui lui demandait, quelques mois avant sa mort : —

« Si l'infaillibilité est proclamée, que ferez-vous?

— Ce que je ferai? c'est bien simple, je me soumettrai. »

A la même époque il écrivait à des jeunes gens catholiques : « Courage et confiance! Travaillez énergiquement pour la bonne cause, pour la vérité, pour la justice, et soyez sûrs que vous ne vous en repentirez jamais. »

Trois mois après, le 13 mars 1870, il expirait assez à temps pour ne pas être témoin des revers de la guerre néfaste contre les Allemands et des horreurs de la Commune.

« Tel a été Montalembert, amoureux de la liberté, de la poésie, de l'art, du passé, et mettant toutes

ces nobles passions au service de sa foi. L'énergie
de ses convictions, l'allure chevaleresque de son
enthousiasme, l'unité de sa vie en font une des
figures les plus originales parmi les catholiques français du XIXᵉ siècle, et si le catholicisme a recouvré
quelque influence sur les âmes contemporaines, il est
de ceux qui contribuèrent le plus à cette résurrec-
tion [1]. »

[1] Fourier, *Illustrations du XIXᵉ siècle.*

NAPOLÉON

PRINCE IMPÉRIAL

(1856-1879)

> « Il s'est véritablement conduit comme un héros et comme un chrétien. »
>
> (Comte DE CHAMBORD.)

Le prince Eugène-Louis Napoléon, fils de Napoléon III et de l'impératrice Eugénie, né aux Tuileries le 16 mars 1856, dut aux soins de sa mère le bienfait d'une éducation chrétienne, et fit sa première communion avec une grande ferveur. Ce fut en 1868. Son catéchiste était M. Deguerry, alors curé de la Madeleine, et depuis martyr sous la Commune, dont les soins furent récompensés par l'attention constante et la piété de son élève.

« M. Deguerry, dit M. de Barghon Fort-Rion, exposait un jour l'histoire si touchante de la passion; il remarqua que son auditeur, très attentif, n'était point aussi ému qu'il aurait dû l'être. Il ne put se défendre de lui dire :

« — Comment n'êtes-vous pas plus attendri, Monsieur? Y a-t-il au monde un plus grand sujet de larmes que la passion de Notre-Seigneur?

« — Sans doute, monsieur l'abbé, répliqua le prince ; mais vous m'avez enseigné que Dieu savait tout, voyait tout et pouvait tout ; il a donc voulu souffrir et faire souffrir sa mère ; *c'est ce qui m'empêche de pleurer.* »

L'instruction première du jeune prince ne laissa rien à désirer ; mais la Providence elle-même se chargea de compléter son éducation en le faisant passer par la grande et salutaire. école du malheur.

Après des événements connus de tout le monde, le prince quittait les Tuileries le 4 septembre 1870, et partait pour l'Angleterre, où il suivait les cours de l'école d'artillerie de Woolwich.

Devenu l'objet des plus grossiers outrages de certain parti politique, accusé de lâcheté par la plupart des journaux français, il en fut profondément affecté et résolut de choisir la première occasion de prouver qu'il était Français et petit-neveu de Napoléon Ier.

L'Angleterre venait de déclarer la guerre aux Zoulous : il voulut guerroyer.

Avant son départ pour cette périlleuse expédition, il avait désiré faire sa confession et la communion, comme le rapporte une lettre de M. l'abbé Tourzel, desservant la chapelle française de Londres, à Mgr d'Arras, et une autre de M. l'abbé Godard, curé de Chislehurst, lesquelles nous allons résumer ici.

M. Tourzel avait cru reconnaître le pénitent qui se présentait à lui ; mais, respectant l'incognito que le prince avait voulu garder, il le confessa dans le salon où il l'avait reçu, et ne lui rendit aucune

marque d'honneur due à son rang. En descendant,
le jeune prince entra à la chapelle, où il devait se
croire seul et non observé. Il récita dévotement une
courte prière. Puis, se levant, il jeta longtemps les
regards sur un tableau représentant la sépulture de
Notre-Seigneur. Le jeune homme avait-il le pres-
sentiment qu'à quelques mois de là son corps, dé-
pouillé et percé, serait porté dans un linceul fait
d'une couverture de laine affermie sur quatre lances
de soldats africains ?

Le prince plia le genou, dit une prière et passa
à l'autel de la sainte Vierge. A deux genoux sur le
plancher, on le vit élever les mains jointes à la hauteur des yeux et adresser à Marie une fervente
prière. Le mouvement des lèvres était sensible. Que
disait-il ? c'est le secret de Dieu. Ce que l'on sait,
c'est que le barbare Zoulou qui, après sa mort, le
dépouilla de tout respecta le médaillon de la Vierge
qu'il avait au cou, preuve de sa consécration à Marie.
Le prince se releva, fit une génuflexion, prit de l'eau
bénite et se signa. La personne qui l'avait observé
lui ouvrit la porte sur la rue et il sortit, se dirigeant
sur Windsor.

De son côté, M. l'abbé Godard lui ayant écrit
pour lui rappeler que c'était l'époque à laquelle les
vrais catholiques s'approchaient de la sainte table,
le prince lui répondit :

« Mon cher curé,

« Je vous remercie de la lettre que vous avez bien
voulu m'écrire ; elle me prouve toute l'affection que

vous me portez. Je tiens à ce que vous ne croyiez pas
que la précipitation de mon départ et le soin des
détails m'aient fait oublier mes devoirs de chrétien.
Je me présenterai demain jeudi, à sept heures et
demie, pour communier une dernière fois dans la
chapelle de Chislehurst, où je désire être déposé si
je viens à mourir.

« Votre bien affectionné,

« NAPOLÉON. »

Le jour suivant il vint en effet et accomplit ses
devoirs religieux.

Au Zoulouland, la guerre avait débuté par des
escarmouches, puis s'était continuée par des batailles
acharnées. Le prince, fidèle à ses habitudes de
pieuse charité, auxquelles il avait été formé par sa
mère, visitait souvent l'hôpital militaire. A chaque
malade, il disait un mot de consolation et d'encou-
ragement.

D'autres mérites, dit M. de Barghon Fort-Rion,
distinguaient le fils de Napoléon III : son sang-froid,
sa bravoure, sa résolution. « J'oublie que ce jeune
homme est un prince, disait lord Chelmosford à un
haut personnage français, pour ne me souvenir que
c'est, de mes officiers, celui sur lequel je puis le
plus compter dans un moment donné ; chaque jour
je m'applaudis de l'avoir près de moi, il a droit
à toute ma confiance. »

Les officiers, frères d'armes du prince, ont été
unanimes à rendre hommage à sa mémoire : sa bravoure les avait profondément émus. L'un d'eux écri-

vait à un de ses amis : « Ce jeune homme était le plus noble et le plus beau caractère du monde, pur et brave comme aucun héros dans l'histoire. »

Et un autre officier ajoutait : « Le caractère du prince restera comme un grand exemple pour nous tous qui l'avons connu. » Enfin la mort, une mort héroïque sur le champ de bataille, l'emporta le 1er juin 1879, au milieu de circonstances sur lesquelles, dit son biographe, s'étend jusqu'ici un impénétrable mystère.

« Le prince Louis-Napoléon, a dit L. Veuillot, est mort fidèle à son Dieu, à son baptême, à la foi chrétienne. La France chrétienne (il n'en voulait pas connaître d'autre) sera fidèle à sa mémoire et priera pour le filleul de Pie IX, en même temps que pour le fils de saint Louis. Celui-ci pourra redemander ses restes aux Anglais, les ensevelir dans le tombeau des Invalides, à côté des glorieux soldats qui n'ont voulu trahir ni la France ni l'honneur. »

La mère du jeune prince trouva les lignes suivantes écrites de sa main, dans son livre de prières :

« Mon Dieu, je vous donne mon cœur; mais vous, donnez-moi la foi. Sans la foi, il n'est point d'ardentes prières, et prier est un besoin de mon âme.

« Je vous prie, non pour que vous écartiez les obstacles qui s'élèvent sur ma route, mais pour que vous me permettiez de les franchir.

« Je vous prie, non pour que vous désarmiez mes ennemis, mais que vous m'aidiez à me vaincre moi-même et daigniez, ô mon Dieu, exaucer mes prières !

« Conservez à mon affection les gens qui me sont chers. Accordez-leur des jours heureux. Si vous ne

Transfert du corps du prince Louis-Napoléon à Chislehurst.

2*

voulez répandre sur cette terre qu'une certaine somme
de joies, prenez, ô Dieu, la part qui me revient.

« Répartissez-la parmi les plus dignes, et que les
plus dignes soient mes amis. Si vous voulez faire aux
hommes des représailles, frappez-moi.

« Le malheur est converti en joie par la douce
pensée que ceux que l'on aime sont heureux.

« Le bonheur est empoisonné par cette pensée
amère : Je me réjouis, et ceux que je chéris mille
fois plus que moi sont en train de souffrir. Pour
moi, ô Dieu, plus de bonheur ! Je le fuis. Enlevez-le
de ma route.

« La joie, je ne puis la trouver que dans l'oubli
du passé. Si j'oublie ceux qui ne sont plus, on m'ou-
bliera à mon tour, et quelle triste pensée que celle
qui vous fait dire : « Le temps efface tout ! »

« La seule satisfaction que je recherche, c'est celle
qui dure toujours, celle que donne une conscience
tranquille.

« O mon Dieu, montrez-moi toujours où se trouve
mon devoir ; donnez-moi la force de l'accomplir en
toute occasion.

« Arrivé au terme de ma vie, je tournerai sans
crainte mes regards vers le passé.

« Le souvenir n'en sera pas pour moi un long
remords. Alors je serai heureux. Faites, ô mon Dieu,
pénétrer plus avant dans mon cœur la conviction que
ceux que j'aime et qui sont morts sont les témoins
de toutes mes actions. Ma vie sera digne d'être vue
par eux, et mes pensées les plus intimes ne me feront
pas rougir.

« Si je dois mourir, Seigneur, que ce soit pour

sauver la vie de l'un des miens; si je dois vivre, que ce soit parmi les plus dignes. »

Quels admirables sentiments de foi dans ce jeune cœur de vingt-trois ans, conservé pur et croyant au milieu des splendeurs du trône et des épreuves de l'exil!

Un prince, bon juge en fait d'honneur chrétien, disait de lui : « Pauvre jeune homme! il s'est véritablement conduit comme un héros et comme un chrétien. Sa prière m'a profondément touché, et elle est une preuve irrésistible, pour ceux qui en doutent, que notre religion est toujours vivante et fervente dans le cœur des meilleurs et des plus grands [1]. »

[1] Comte de Chambord.

NIEL

MARÉCHAL DE FRANCE, SÉNATEUR, MINISTRE

(1802-1869)

> « Je recommande à mes chers enfants, après la crainte et l'amour de Dieu, l'honnêteté et la probité qui furent toujours héréditaires dans notre famille. »
>
> (Maréchal NIEL.)

Si la patrie réclame ce vaillant soldat comme un de ses braves défenseurs, l'Église n'est pas moins fière d'avoir trouvé en lui un croyant sincère, qui n'a pas craint de professer sa foi, et qui s'est montré bon chrétien dans la mort comme dans la vie.

Adolphe Niel naquit à Muret (Haute-Garonne).

Lieutenant de génie en 1827, il s'embarquait en 1832 pour l'Algérie, et prenait une part si brillante à la prise de Constantine, qu'il y reçut les félicitations du ministre de la guerre et le grade de chef de bataillon.

Regardé comme l'un des officiers les plus capables, il fut attaché comme chef d'état-major de génie à l'expédition de Rome. Ses services furent si bien appréciés, que deux mois après il était nommé général de brigade. A son retour en France, il fit partie de l'expédition de Crimée, puis de celle d'Italie, expo-

sant vingt fois sa vie sur les champs de bataille.
A la suite de la bataille de Solférino, à laquelle il eut
une si grande part, l'empereur le nomma maréchal
de France. En 1867 il était appelé au ministère de
la guerre.

Le maréchal avait reçu les premiers principes religieux sur les genoux de sa mère; l'on sait que, même
dans les moments les plus agités, il a conservé pour
elle la plus tendre vénération; c'étaient deux grands
cœurs qui se portaient une estime et une affection
réciproques.

« Je puis affirmer, a dit un témoin de sa vie, que
tous les jours, dans l'ardeur des affaires comme dans
le tumulte des camps, M. Niel a été véritablement
fidèle à ses prières du matin et du soir.

On n'a pas oublié à Toulouse avec quelle assiduité
et quelle irréprochable tenue il entendait la messe,
dans son église paroissiale de Saint-Étienne, tous
les dimanches, pendant les huit années de son commandement. On sait aussi que, durant le temps des
vacances, il avait soin que le service divin fût célé-
bré régulièrement dans la chapelle de son château
d'Offréry.

Dans une visite militaire faite à Périgueux pendant son commandement à Toulouse, il montra son
attrait pour les choses de la religion. Dans une récep-
tion modeste, où ils avaient été admis, les frères
des Écoles chrétiennes se tenaient à l'écart: « Approchez, chers frères, leur dit-il, approchez; je suis
heureux de retrouver en vous l'image des frères,
mes premiers maîtres, qui m'ont appris tant et de si
bonnes choses! »

Si nous avions besoin de retracer ici ses gloires militaires, nous raconterions ses campagnes de Rome, de la Baltique, de la Crimée et de l'Italie ; mais, à cet égard, il nous suffit de dire que ses talents, ses faits d'armes et ses hautes qualités morales lui ont valu l'insigne honneur d'être le premier soldat de France, c'est-à-dire ministre de la guerre.

Rappelons quelques traits de cette belle vie si chrétienne.

On venait, en 1854, de prendre Bomarsund, ville forte appartenant à la Russie et située sur le côté d'une des îles de l'archipel d'Aland, à l'entrée de la mer Baltique. Les soldats français, avec l'entrain qu'on leur connaît, démolissaient cette ville. M. Niel, alors général, aperçoit tout à coup une croix dominant la flèche d'une église : « Tu ne peux, se dit-il en lui-même, laisser renverser cette croix. Renverser une croix ! Ta vieille mère ne te le pardonnerait jamais. »

Il se retourne vers ses soldats et s'écrie : « Deux hommes pour aller chercher cette croix ! »

Il s'en présente cinquante. La croix fut détachée avec soin et apportée en France ; le maréchal l'a offerte à l'église de Muret, où il avait reçu le baptême et fait sa première communion.

Le 3 juillet 1849, le général Oudinot de Reggio, vainqueur des garibaldiens, entra à Rome avec son armée. Il s'empressa d'en instruire le pape, réfugié à Gaëte. M. Niel, alors colonel du génie, fut chargé de la haute mission d'annoncer au saint-père la prise de Rome sur les révolutionnaires et de lui remettre les clefs de la ville.

Pie IX le reçut avec autant de bienveillance que de joie, et à la fin de l'entretien lui présenta un superbe chapelet en disant : « Voici pour l'épouse chrétienne. »

Puis prenant une croix de commandeur de l'ordre de Saint-Grégoire-le-Grand, il la plaça sur la poitrine du colonel : « Voilà pour le vaillant guerrier, » lui dit-il.

Au respect que notre colonel avait pour le vicaire de Jésus-Christ vint alors se joindre une vive et profonde sympathie. Ses conseils dans le gouvernement, ses votes au sénat furent toujours favorables à la cause du pape.

Ajoutons qu'après avoir eu l'honneur de remettre au pape les clefs de Rome, en 1849, il a su se donner l'honneur de les lui conserver en 1867.

« Ses amis racontent que c'est à lui surtout que l'on doit la victoire de Mentana. On connaît toutes les hésitations par lesquelles l'empereur est passé avant de laisser partir des troupes pour Rome; les ordres et les contre-ordres se succédaient à Toulon.

« Enfin le maréchal Niel reçoit dans la nuit, à une heure du matin, une dépêche de Toulon lui annonçant qu'il n'y avait plus de temps à perdre.

« Prenant sur lui la responsabilité du fait, il envoie immédiatement par le télégraphe l'ordre de lever l'ancre et de voler au secours du saint-siège, et Rome fut sauvée [1]. »

---

[1] *La Religion en tunique,* par le général Ambert.

Une âme de cette trempe, éclairée et soutenue par
la religion, ne pouvait envisager la mort avec effroi.
Pendant un mois de vives souffrances il ne laissa
échapper aucune plainte, et, quelques jours avant
sa mort, il dit à sa famille éplorée : « Après tant
d'alternatives de crainte et d'espérance, il nous faut
renoncer à tout espoir; il nous faut prévoir que tout
est fini. »

Alors il fit appeler l'archevêque de Paris, se confessa et reçut, en pleine connaissance, par le ministère de M. le curé de Sainte-Clotilde, les derniers
sacrements de l'Église. Le malade avait recommandé
à sa sœur qui le veillait de lui lire des chapitres
de l'*Imitation de Jésus-Christ,* des pages de Bossuet
et de Bourdaloue, et l'agonie est venue le surprendre
au milieu de ces graves pensées.

Voici une phrase de son testament qui, à elle
seule, vaut tout un discours : « Je recommande à mes
chers enfants, après la crainte et l'amour de Dieu,
l'honnêteté et la probité, qui furent toujours hérédi-
taires dans notre famille. »

« Le maréchal Niel pouvait redire cette parole
chrétienne : « J'ai achevé ma course, et j'ai gardé
« ma foi. » La foi, il l'avait gardée, en effet, et elle
avait gouverné sa vie. Dans l'état des partis en
France, quand, autour de nous, l'irréligion est pous-
sée jusqu'à l'outrage, on est heureux de se détourner
de ce spectacle pour goûter cet autre spectacle d'un
soldat illustre, qui se montre à découvert, avec la
fermeté de sa conscience et de sa foi [1]. »

---

[1] M. Lacaze, sénateur.

NOÉ (COMTE DE), CHAM

CARICATURISTE

(1819-1879)

« Je ne sais pourquoi j'ai une si grande
confiance en la miséricorde de Dieu. »

(CHAM.)

Le 6 septembre 1879, mourait à Paris Amédée-
Henri, comte de Noé, si connu comme caricaturiste
sous le nom de Cham. Son père, le comte de Noé,
ancien pair de France, le destinait à l'École polytechnique, mais les goûts du jeune homme le portaient ailleurs. Amédée de Noé se fit le disciple de
Charlet, puis de Paul Delaroche. Bien que la pein-
ture fût sérieuse auprès de tels maîtres, c'est auprès
de ces artistes que se développa chez Cham le talent
pour la charge et le dessin grotesque. Il les abandonna bientôt, pour employer presque exclusivement
son crayon à la satire des travers et des vices de
l'époque en France et en Angleterre.

Voici l'origine vraie du pseudonyme de Cham,
encore peu connue aujourd'hui.

Philipon, éditeur des principaux caricaturistes de
notre temps, avait encouragé au travail le jeune artiste.

En 1840, Amédée de Noé lui apportait l'*Histoire de
M. Jobard*, premier ouvrage signé du fameux pseu-

Cham.

donyme, qui avant de reconnaître ses enfants voulait
savoir s'ils lui feraient honneur.

« Quel nom donnerons-nous au public, main-

tenant que vous êtes sûr de vous et de lui? demanda
Philipon.

— C'est vrai. Eh bien, je suis le fils de Noé, mettez
Cham ! »

Voilà, dit M. de Beaulieu, la très simple origine
de la légende des malédictions : légende que Cham
se plaisait à raconter de mille manières aux curieux,
aux naïfs et aux badauds.

Pendant quarante ans, il montra une verve inépui-
sable dans des caricatures pétillantes d'esprit; mais,
bien que travaillant souvent pour des recueils où l'on
ne ménageait ni la morale ni la religion, comme le
Charivari, il sut toujours respecter ces deux grandes
choses [1]. Il ne voulut pas même employer le gros sel
malpropre, où ses confrères de la caricature cher-
chaient le succès.

En renonçant ainsi à beaucoup de traits d'esprit,
Cham s'est constitué, par ce sacrifice même, un talent
à part, d'un ordre plus élevé, et dans un genre de travail
qui semble tout éphémère il passera à la postérité.

Aussi Paul Féval a dit de son talent : « Ce n'est
pas toujours de la haute comédie; ce n'est jamais du
marivaudage faisandé ni de l'épaisse gaudriole. C'est
le rire bon qui déploie bonnement la gorge des bonnes
gens. » Et la *Revue littéraire* de l'*Univers,* parlant
des historiettes racontées dans sa *Vie* par M. Félix
Ribeyre, ajoute : « Elles font juger de la profonde
délicatesse de cet ami de la gaieté, qui respecta toujours la religion et mourut en chrétien. »

---

[1] Les impies de son temps ne lui ont pas pardonné la caricature des
enterrements civils, dans une charge devenue célèbre, qui représentait
le cadavre d'un chien crevé, emporté par les eaux de la Seine.

« Nous nous permîmes, a écrit le *Pèlerin,* de lui signaler combien son talent pouvait être utilisé pour le bien et être employé à flétrir directement les attaques contre l'Église. Il nous remercia de ces conseils et les utilisa de suite. Toutefois il serait entré bien plus

A l'Exposition.
« Le Japonais te demande s'il a une médaille. Dis-lui vite que oui. »

largement dans cette voie, si les journaux pour lesquels il avait des traités n'avaient exigé autre chose pour leur public. »

« Cham était chrétien, dit à son tour M. de Beaulieu : sa mort l'a prouvé ; le gentilhomme gardait au fond de son âme loyale et généreuse les traditions et les principes religieux de sa famille. Il vint un moment où certains conseils trouvèrent un écho dans cet esprit plein de droiture et de justesse. »

M. l'abbé Roussel, directeur de l'orphelinat d'Auteuil, ami de Cham, a donné quelques détails sur ce personnage dans la *France illustrée*. M. Roussel désirait avoir Cham pour collaborateur de sa publication, et il alla lui faire une visite.

« Nous nous présentions sans recommandation aucune. L'accueil fut bienveillant et sympathique; mais, comme on le devine, le refus ne se fit pas attendre. Engagé avec plusieurs journaux, tiraillé de tous côtés, l'éminent artiste devait naturellement répondre : non. Mais le gentilhomme et le chrétien (car le comte de Noé était resté catholique) disait oui. Interrompant bientôt une conversation des plus gaies, Cham se reprenait tout à coup :

« — Attendez, monsieur l'abbé, vous auriez une trop mauvaise idée de moi si je vous laissais partir ainsi. Votre temps est précieux, je ne veux pas vous le faire perdre; venez avec moi dans mon cabinet, et je vais vous chercher un croquis. »

« Ce ne fut pas long. Le grand artiste prit son crayon, et, tout émerveillé, en quelques minutes nous vîmes sortir la première de nos charges sur les réservistes.

« A partir de cette époque, nos relations furent vraiment fréquentes et intimes. Il aimait à visiter notre orphelinat, et nous l'invitâmes un jour de première communion. Cet homme, qui était si sobre de son temps, se plut tellement au milieu de nos enfants, qu'il resta jusqu'au soir. Ce fut une bonne fortune pour nous et nos amis, qu'il sut charmer par ses ravissantes saillies et ses incomparables histoires. Nous regrettons de ne pouvoir, faute de place, en rapporter ici quelques-unes.

« ...Nous nous rappelons qu'un vendredi, nous
trrouvant chez lui à l'heure de son déjeuner, il insistait pour nous le faire partager : « Ne soyez pas
« étonné, monsieur l'abbé, si je fais gras : on dit que
« je suis malade, et les médecins le veulent; mais ma
« femme fait maigre, et d'ailleurs quand j'y suis il y a
« toujours du maigre. »

« Cham faisait allusion à sa maigreur.

« Peu de temps avant sa mort, il nous écrivait la
lettre suivante :

> « Mon cher abbé,

« Si je ne vous ai pas écrit plus tôt pour vous
« témoigner toute ma reconnaissance, la raison est
« que je viens d'être gravement malade d'un vomis-
« sement de sang. Les démagogues ne manqueront
« pas de dire que c'est le bon sens qui me quitte.
« Excusez ce calembour de la part d'un malade.

« J'ai cru que j'y passais, mais qu'importe, puisque
« j'aurai un brave ami comme vous pour me faire
« pardonner bien des peccadilles là-haut.

« Je ferai bien d'y monter avec un numéro de la
« *France illustrée* sous le bras.

« De nouveau merci, et bien affectueusement à
« vous, mon cher abbé. »

« L'illustre défunt avait sans doute raison de compter
sur nos affectueuses prières et sur l'accueil que lui
vaudrait là-haut sa généreuse collaboration à notre
œuvre. Mais ce qui nous rassure et nous console c'est
surtout la confession, qu'il a demandée lui-même, et
les sacrements, qu'il a reçus en pleine connaissance.

Après cela, on comprend que ses dernières paroles
aient été :

« — Je ne sais pourquoi j'ai une si grande confiance
en la miséricorde divine. »

« Lui, qui semblait avoir toujours vécu en dehors
de lui-même, dit M. de Salies, n'ayant de pensée que
pour la répandre, d'intelligence que pour la semer

A marée basse.

« Il n'est venu personne cette année. — Aussi, tu le vois,
la mer se retire ! Elle a son amour-propre. »

aux quatre vents du ciel, il s'est recueilli; connaissant
la gravité de son état, sans hésitation il a appelé un
prêtre, et il a reçu les sacrements avec un véritable
esprit de foi. Ses dernières paroles ont été des paroles
d'admiration et de gratitude pour la miséricorde de
Dieu, et c'est en les achevant qu'il a expiré sans
secousse, doucement.

« Nous sommes en ce triste monde pour voir disparaître un à un, tant que nous ne disparaissons pas

nous-mêmes, ceux qui nous sont les plus chers : nos
parents, nos proches, nos amis. Quelle consolation
du moins quand, sur le seuil de l'éternité, ils ont
reçu le confort de l'âme, le viatique du dernier
voyage ! »

Autour du lit du malade on vit tout ce que la
presse et les arts comptaient de plus illustre, et surtout
M. l'abbé Roussel et le curé de Sainte-Marie-des-
Batignolles, qui consola les derniers moments du
chrétien, et passa en prières, près de sa dépouille, la
dernière nuit funèbre. Nous n'ajouterons qu'un mot
avec M. de Beaulieu : « Jamais son crayon n'attaqua
ce qui touchait à la religion ou aux principes fonda-
mentaux de la société. »

O'CONNELL

AVOCAT, DÉPUTÉ, LIBÉRATEUR DE L'IRLANDE

(1775-1847)

> « La religion est la base de la liberté...
> Oui, je suis papiste et m'en glorifie; je suis
> papiste, c'est-à-dire que ma foi remonte
> jusqu'à Jésus-Christ, tandis que la tienne
> ne va pas au delà de Luther, de Calvin,
> d'Henri VIII. »   (O'CONNELL.)

Jamais en aucun siècle et en aucun pays, a dit M. de Cormenin, aucun homme ne prit sur sa nation un empire aussi souverain, aussi absolu, aussi complet. L'Irlande se personnifie dans O'Connell. Il est en quelque sorte à lui seul son parlement, son ambassadeur, son prince, son libérateur, son apôtre.

Daniel O'Connell, né en Irlande, entra dans la vie publique à vingt-cinq ans, au début de ce siècle. Après s'être montré avocat distingué au barreau de Dublin, il voulut reprendre le mouvement d'affranchissement de sa patrie, commencé au siècle dernier. Ce fut une lutte toute pacifique où la parole seule remportait des victoires.

Des comités furent formés, des associations fondées pour unir toutes les forces en un seul faisceau.

O'Connell remua ainsi l'Irlande tout entière, déployant une prodigieuse activité. Longtemps avant le jour il était au travail dans son cabinet, où pour tout ornement on voyait un grand crucifix ; puis il se rendait aux quatre cours, passait d'un tribunal à l'autre, plaidant ordinairement plusieurs causes dans la même journée. Le soir, il parlait encore dans les comités, dans les meetings ou dans les dîners publics.

Il attendit plus de vingt-cinq ans un succès important. Il lui fallut lutter contre les divisions intestines des Irlandais et contre le pouvoir. Le concours du clergé ne lui avait pas même été immédiatement acquis. Mais bientôt sa popularité fut si grande dans toute l'Irlande, que ses compatriotes ne l'appelaient que « notre homme ». Souvent, au sortir des meetings, la foule le portait en triomphe jusqu'à sa demeure.

Un jour O'Connell, se promenant avec un Anglais de ses amis dans la campagne, rencontra un convoi funèbre. Les parents et les amis du défunt reconnaissent le libérateur; aussitôt ils font retentir les airs d'un formidable hourra. L'Anglais, accoutumé au décorum solennel et lugubre des funérailles de son pays, en est scandalisé et fait quelques observations à l'un des assistants.

« Ah! Monsieur, lui est-il répondu, le mort aurait bien crié hourra s'il l'avait pu! »

En 1823, O'Connell était véritablement maître de ses concitoyens, qui lui obéissaient comme à leur roi. Le gouvernement d'Angleterre faisait tous ses efforts pour rendre inutile l'agitation suscitée par O'Connell, mais n'y parvenait pas. Quand il poursuivait son adversaire, le jury l'acquittait; quand il faisait voter un bill pour dissoudre l'Association, le lendemain elle était rétablie sous une autre forme.

En 1828, O'Connell crut enfin le moment venu de frapper un grand coup. Il s'agissait d'obtenir pour les catholiques le droit de siéger à la Chambre des communes. Pour forcer les portes du Parlement, O'Connell se présenta lui-même aux électeurs du comté de Clare. L'émotion fut grande, en Irlande et en Angleterre, quand il fut élu à une majorité écrasante. C'est alors que le libérateur put entonner ce magnifique chant de triomphe :

« Les hommes de Clare savent que la seule base de la liberté est la religion. Ils ont triomphé parce que la voix qui s'élève pour la patrie avait d'abord exhalé sa prière au Seigneur. Maintenant des chants de liberté se font entendre dans nos vastes campagnes; ces sons parcourent les vallées, ils remplissent les collines, ils murmurent dans les ondes de nos fleuves, et nos torrents avec leurs voix de tonnerre crient aux échos de nos montagnes : « L'Irlande « est libre ! »

« Il se présente alors à la Chambre des communes, dit le P. Ventura; un huissier lui en refuse l'entrée :

« — Vous êtes catholique, lui dit-il, il n'y a pas de place pour un catholique dans une assemblée protestante. Jurez-vous le trente-neuvième article de la religion anglicane ?

« — Je jure, répondit O'Connell, fidélité à mon roi et à toutes les lois justes du Parlement, mais je ne jure pas l'hérésie et le blasphème. Je demande à la Chambre d'être admis à prouver mon droit. »

« Cette demande si nouvelle est accordée plutôt par un instinct de curiosité que par un principe de justice.

« Il pénètre dans l'assemblée : on respire à peine, tous les yeux sont tournés vers lui, tous les cœurs palpitent, ici d'espérance, là de crainte. O'Connell parle, mais d'un ton si majestueux, d'une voix si ferme, avec une telle élévation de sentiments, une telle force de raison, une telle magnificence de style, une si grande vigueur d'expressions, un feu et une émotion tels, qu'il ébranle et fait frémir tout d'abord l'assemblée; puis il convainc les plus difficiles, dompte les plus rebelles, émeut les plus insensibles, et enfin les laisse tous comme stupéfaits et hors d'eux-mêmes, et ayant l'air de se demander l'un à l'autre dans un éloquent silence : « Jamais homme a-t-il « parlé ainsi? »

« Aussi les vieux usages ne sont plus écoutés, l'hérésie se rend; et voilà qu'en la personne de O'Connell le catholicisme prend place dans le Parlement, dont depuis trois siècles il était banni... »

Le grand orateur avait raison de chanter victoire; les ministres anglais proposèrent eux-mêmes et firent voter par le Parlement le bill de l'émancipation des catholiques tant de fois refusé. Mais ce n'était pas encore l'affranchissement complet de l'Irlande, et O'Connell voulait l'obtenir. Il demanda le rétablissement du Parlement national qui avait existé jusqu'au commencement du siècle; il organisa dans ce but une nouvelle agitation avec une merveilleuse activité. On dissout l'association à la tête de laquelle il s'est placé, il la rétablit; on la dissout encore, il la rétablit de nouveau. On le poursuit, rien ne l'arrête : il engage les Irlandais à refuser le payement de la dîme inique qu'on leur impose en faveur de l'Église anglicane. Nulle part alors la dîme ne peut être perçue, et l'Église est bientôt obligée de capituler et de transiger.

Un jour, il invite à ne se servir d'aucun objet venant de l'Angleterre. Tous lui obéissent. Une autre fois encore, d'après ses conseils, tous les catholiques viennent demander le remboursement de banknotes, et il s'ensuit une crise qui arrête le commerce pendant quelques jours. Il voulait ainsi intimider l'Angleterre et la contraindre à céder.

Telle était la puissance et l'ascendant prodigieux que cet homme extraordinaire exerçait sur le peuple irlandais. Sans doute O'Connell avait pour lui, avec le prestige de la grande cause qu'il soutenait, toutes les qualités naturelles propres à agir sur les foules : taille athlétique, voix retentissante, éloquence vive, style hardi et plein de saisissantes images; mais il avait surtout une foi ardente, et ce fut là la cause de ses succès.

Le P. Ventura, dans l'oraison funèbre de ce grand homme, nous fait connaître sa piété.

« Qui eut plus de piété et de dévotion que lui? Au milieu des travaux sans nombre de son apostolat politique, il ne laissa jamais d'assister chaque jour à la messe et de s'approcher, une et même deux fois la semaine, du tribunal de la pénitence et de la table eucharistique. Qui, plus que lui, avait un saint respect pour le nom de Dieu? Malheur à qui, en sa présence, eût osé le prononcer sans le respect qui lui est dû!

« Mais qui fut surtout plus tendre pour la Reine

du ciel et plus zélé pour son culte? Il en parlait au peuple comme de la mère du peuple. Il est devenu fameux ce jour, qu'emporté par un sentiment extraordinaire de dévotion et de tendresse pour Marie, il en fit l'éloge en présence de plus de cent mille personnes, catholiques et protestants tout ensemble. Cette multitude, ravie et comme suspendue à ses lèvres, crut entendre un docteur, un Père de l'Église, énumérer les gloires et chanter les louanges de la Mère de Dieu.

« Après sa célèbre harangue, qui devait faire ouvrir aux catholiques les portes du Parlement, pendant que les plus fameux orateurs s'animaient dans ce grand débat, O'Connell se tenait là, retiré dans un angle de la salle, récitant son rosaire...

« ...Quand cette religion sainte n'obtenait que l'indifférence et le mépris comme une malheureuse proscrite, O'Connell, loin d'en rougir, s'en fit toujours un titre de gloire. Jamais il ne se présenta à la cour sans avoir près de lui un prêtre catholique; partout et toujours il le voulait à ses côtés.

« Mais ce qui est au-dessus de toute idée et de toute expression, c'est le zèle de O'Connell pour cette même religion. Il laissait tout, sacrifiait tout, quand il s'agissait de la servir et de se mettre à l'œuvre pour elle. Les pauvres curés, les communes, les villages sans ressources qui avaient besoin d'églises recouraient à lui, et sa prodigieuse activité et son éloquence trouvaient aussitôt le moyen de leur faire bâtir, comme par enchantement, de beaux et vastes temples.

« Quelqu'un s'avisait-il de lui jeter l'insulte à voix basse et sur le ton sacrilège des anciens jours, en l'appelant papiste, il se retournait aussitôt et lui répli-

quait hardiment : « Misérable ! tu crois en m'appe-
« lant papiste me faire injure, et tu m'honores; oui,
« je suis papiste et cela veut dire que ma foi, par
« une suite non interrompue de papes, remonte jus-
« qu'à Jésus-Christ, tandis que la tienne ne va pas
« au delà de Luther, de Calvin, d'Henri VIII et
« d'Élisabeth. Eh bien, oui, papiste! Si tu avais une
« étincelle de bon sens, ne comprendrais-tu pas
« qu'en matière de religion il vaut mieux dépendre
« du pape que du roi, de la crosse que de l'épée, de
« la soutane que de la jupe, des conciles que des
« parlements? »

« O'Connell, fidèle à la maxime de saint Augustin :
Diligite homines, interficite errores, tout en com-
battant les erreurs dont les protestants étaient les vic-
times, ne cessait de respecter et d'aimer encore leurs
personnes. Il se faisait un devoir de les excuser, de
les défendre et de leur rendre tous les bons offices
de la charité chrétienne.

« ...O'Connell fut pendant toute sa vie, c'est-à-dire
pendant quarante-cinq ans, le défenseur gratuit de
tous les accusés catholiques. En même temps, il était
le soutien de tous les pauvres, l'appui de tous les
malheureux, la consolation de tous les affligés...

« Ses marches étaient un continuel triomphe. A peine
le bruit se répand-il de l'arrivée du libérateur que des
provinces entières s'émeuvent, les populations entières
des lieux les plus lointains viennent à sa rencontre,
les bannières déployées et en bon ordre. En voyant
apparaître dans le lointain le grand homme avec ses
formes athlétiques, son air imposant, son front majestueux, son regard plein de bonté et son aimable sou-

rire, les joyeux vivats lancés avec toute l'énergie du cœur font retentir les airs ; mais lui, à travers les cris de triomphe, les rues couvertes de tapis et de fleurs, entre les haies épaisses d'une foule immense, impatiente de voir son visage et d'entendre sa voix, il va tout d'abord adorer Dieu dans son temple...

« Après d'innombrables combats et de glorieuses victoires, après surtout une si admirable vie chrétienne, O'Connell, pressentant sa fin prochaine, voulut venir déposer aux pieds du grand représentant de Dieu sa dépouille mortelle. La mort vint le surprendre à Gênes, sur le chemin de Rome. Mais non, je me trompe, il ne fut pas surpris par la mort. J'ai vu moi-même, j'ai eu entre les mains le précieux exemplaire de l'ouvrage intitulé : *Préparation à la mort,* dont il a fait usage, annoté de sa propre main ; preuve évidente qu'au milieu des plus grandes agitations de sa vie il se préparait toujours à la mort, et qu'il réglait son action dans le temps à la lumière des grandes maximes de l'éternité.

« Il demanda et reçut les derniers sacrements avec l'humilité d'un enfant et la ferveur d'un saint. Ce fut en répétant souvent le *Memorare, ó piissima Virgo,* en récitant les psaumes, en renouvelant à chaque instant des actes de contrition, en prononçant les noms si doux de Jésus et de Marie, que s'éteignit cette grande voix qui avait ébranlé le monde et que s'envola cette grande âme qui avait éveillé l'admiration de la terre.

« Ses dernières dispositions furent ces mots : « Mon « corps est à l'Irlande, mon cœur à Rome, mon âme « au ciel. »

3*

OZANAM

LITTÉRATEUR, HISTORIEN, PROFESSEUR A LA FACULTÉ
DES LETTRES DE PARIS

(1813-1853)

> « Ce modèle de l'homme de lettres,
> chrétien digne et humble, ardent ami de
> la science et ferme champion de la foi. »
>
> (GUIZOT.)

Dans un rapport à l'Académie française, en 1856, M. Villemain, regrettant qu'Ozanam ne fît pas partie de ce corps d'élite, s'exprimait ainsi : « Un talent célèbre et regretté devait préoccuper notre souvenir et fixer nos suffrages. Ce nom, ce talent, c'est celui de M. Ozanam. »

Et M. Guizot ajoutait : « ...Ce modèle de l'homme de lettres chrétien, digne et humble, ardent ami de la science et ferme champion de la foi, goûtant avec tendresse les joies pures de la vie et soumis avec douceur à la longue attente de la mort, enlevé aux plus saintes affections et aux plus nobles travaux, trop tôt selon le monde, mais déjà mûr pour le ciel et pour la gloire. »

Frédéric Ozanam naquit à Milan, de parents français. Son père était un médecin distingué et chrétien.

Ozanam raconte ainsi les souffrances du doute, dont sa jeunesse fut victime au milieu d'un siècle de scepticisme :

« Dieu m'avait fait la grâce de naître dans la foi. Enfant, il me prit sur les genoux d'un père chrétien et d'une sainte mère... Plus tard, les bruits d'un monde qui ne croyait pas vinrent jusqu'à moi. Je connus toutes les horreurs de ces doutes qui rongent le cœur pendant le jour, et qu'on retrouve la nuit sur un chevet mouillé de larmes. L'incertitude de ma destinée ne me laissait pas de repos. Je m'attachais avec désespoir aux dogmes sacrés, et je croyais les sentir se briser sous ma main. C'est alors que l'enseignement d'un prêtre philosophe me sauva. Il mit dans ma pensée l'ordre et la lumière; je crus désormais d'une foi rassurée, et, touché d'un bienfait si rare, je promis à Dieu de vouer mes jours au service de la vérité qui me donnait la paix. »

C'est à l'époque de cette crise de la foi, à l'âge de dix-huit ans, qu'Ozanam un jour rencontra, dans un coin d'une église de Paris, un vieillard qui récitait son chapelet. Il s'approche et reconnaît Ampère, son idéal, la science et le génie vivants. A cette vue, il est ému jusqu'au fond de son âme. La foi et l'amour de Dieu reprennent leur empire sur son cœur, et il se plaisait plus tard à dire, en rappelant ce fait : « Le chapelet d'Ampère a plus fait sur moi que tous les livres et même tous les sermons. »

Ozanam dut ainsi à Ampère et à l'abbé Noirot, ce prêtre philosophe dont il parle, professeur de philosophie au collège de Lyon, de sentir la paix dans son âme après être revenu dans le droit chemin.

Il fut fidèle à sa promesse de « vouer ses jours au service de la vérité ».

Il le prouva bientôt.

Son cœur était trop rempli de l'amour de Dieu et du prochain pour laisser cet amour oisif. Il chercha donc le moyen de faire du bien autour de lui, et fut un des fondateurs des conférences de Saint-Vincent de Paul, aujourd'hui répandues dans le monde entier et destinées à établir la vraie fraternité, en mettant le pauvre en contact avec le riche. Il devint l'âme de cette première conférence : ses talents, sa charité expansive et sa vive piété faisaient le charme de ses compagnons d'apostolat et la joie des pauvres qu'il était appelé à soulager.

Dès l'âge de dix-huit ans il voulut employer les dons si riches de sa belle intelligence à un travail monumental sur le catholicisme. Son plan conçu, il l'exposait en ces termes à deux anciens camarades de collège :

« Ébranlé quelque temps par le doute, je sentais le besoin invincible de m'attacher de toutes mes forces à la colonne du temple, dût-elle m'écraser dans sa chute; et voilà qu'aujourd'hui je la retrouve, cette colonne, appuyée sur la science, lumineuse des rayons de la sagesse, de la gloire et de la beauté; je la retrouve, je l'embrasse avec enthousiasme, avec amour. Je demeurerai près d'elle, et, de là, j'étendrai mon bras; je la montrerai comme un phare de la délivrance à ceux qui flottent sur la mer de la vie. Heureux si quelques amis viennent se grouper autour de moi! alors nous joindrons nos efforts; nous créerions une œuvre ensemble, d'autres se réuniraient

Chateaubriand,

à nous, et peut-être un jour la société se rassemblera-t-elle tout entière sous cette ombre protectrice; le catholicisme, plein de jeunesse et de force, s'élèverait tout à coup sur le monde, il se mettrait à la tête du siècle renaissant pour le conduire à la civilisation, au bonheur. »

Vers cette époque, Ozanam était porteur d'une lettre d'un de ses protecteurs pour M. de Chateaubriand. Timide par caractère, il garda plusieurs mois cette lettre. Enfin il se décida à la porter à son destinataire.

« Au premier jour de l'an 1832, dit le P. Lacordaire, il sonne en tremblant à la porte d'une puissance de ce monde, comme Charles X à Prague désignait M. de Chateaubriand. Celui-ci rentrait d'entendre la messe; il reçut l'étudiant d'une manière aimable et paternelle, et après bien des questions sur ses projets, ses études, ses goûts, il lui demanda, en le regardant d'un œil plus attentif, s'il se proposait d'aller au spectacle.

« Ozanam, surpris, hésitait entre la vérité, qui était la promesse faite à sa mère de ne pas mettre le pied au théâtre, et la crainte de paraître puéril à son noble interlocuteur. Il se tut quelque temps par suite de la lutte qui se passait dans son âme. M. de Chateaubriand le regardait toujours. A la fin la vérité l'emporta, et l'auteur du *Génie du Christianisme* se penchant vers Ozanam pour l'embrasser lui dit affectueusement : « Je vous conjure de suivre le conseil « de votre mère; vous ne gagneriez rien au théâtre, « et vous pourriez y perdre beaucoup. »

« Cette parole demeura comme un éclair dans la pensée d'Ozanam, et lorsque quelques-uns de ses camarades, moins scrupuleux que lui, l'engageaient à l'accompagner au spectacle, il s'en défendait par cette phrase décisive : « M. de Chateaubriand m'a dit « qu'il n'était pas bon d'y aller. »

D'abord avocat, puis professeur de droit à Lyon, Ozanam fut appelé, à vingt-sept ans, à succéder à Fauvel dans la chaire de littérature étrangère à la Faculté des lettres de Paris, où il s'acquit promptement une brillante renommée par l'éclat de son talent et de son éloquence. Ses cours furent très brillants, et il en sortit de sérieux travaux : *La Civilisation du v*ᵉ *siècle, Études germaniques, les Poètes Franciscains, Dante et la Philosophie au* xiiiᵉ *siècle.*

Dans toutes ses œuvres, Ozanam unissait une foi sincère et éclairée à l'amour de la science, des convictions très arrêtées sur les choses à une grande modération envers les personnes. Son érudition, puisée aux sources les plus variées, se revêtait d'une parole entraînante et colorée, où respirait le double enthousiasme de la religion et de la poésie.

Cependant une cruelle et longue maladie le conduisait lentement au tombeau. Ce fut une occasion pour lui de manifester une pieuse et admirable résignation.

« Une nuit, raconte Mgr Ozanam, son frère, l'un de ses frères le veillait, et l'aperçut dans l'ombre versant des larmes.

« — Pourquoi es-tu si triste ? demanda-t-il.

« — Ah ! cher frère, répondit-il d'une voix pleine

de pleurs, quand je songe à la passion de Notre-
Seigneur, quand je songe que ce sont nos péchés qui
lui ont causé tant de souffrances, je ne puis retenir
mes larmes ! »

Sur le point de franchir le seuil d'une maison qu'il
avait habitée, il jeta un dernier regard sur la chambre
qu'il aimait, parce qu'il y avait souffert : « Mon Dieu,
s'écria-t-il, je vous remercie des souffrances et des
afflictions que vous m'avez données dans cette maison ; acceptez-les en expiation de mes péchés. »

Puis se tournant vers sa femme : « Je veux qu'avec
moi tu bénisses Dieu de mes douleurs ; » et il ajoutait : « Je le bénis aussi des consolations qu'il m'a
données. »

C'est à Marseille qu'il rendit le dernier soupir, le
8 septembre 1853 : « Mon Dieu ! mon Dieu, ayez
pitié de moi ! » Ce furent ses dernières paroles.

Ozanam a fait ce magnifique acte de foi à la sainte
Eucharistie :

« L'expérience de chaque jour me fait trouver dans
la foi de mon enfance toute la lumière de mon âge
mûr, toute la sanctification de mes joies domestiques,
toute la consolation de mes peines. Quand toute la
terre aurait abjuré le Christ, il y a dans l'inexprimable douceur d'une communion, et dans les larmes
qu'elle fait répandre, une puissance de conviction
qui me ferait encore embrasser la croix et défier l'incrédulité de toute la terre. Mais combien le Sauveur
du monde est encore aimé, combien il suscite de
vertus et de dévouement qui égalent les premiers âges
de l'Église ! »

Il écrivait encore : « La philosophie a des clartés ; elle connaît Dieu, mais elle ne l'aime pas, mais elle n'a jamais fait couler ces larmes d'amour qu'un catholique trouve dans la communion, et dont l'incomparable douceur vaudrait à elle seule le sacrifice de toute la vie. Vous trouverez là l'évidence intérieure devant laquelle s'évanouissent tous les doutes. Il faut donner son âme à Dieu et alors Dieu donne la plénitude de la lumière. Ah ! si quelque jour, dans une ville d'Amérique, vous étiez malade, sans un ami à votre chevet, souvenez-vous qu'il n'est pas un lieu de quelque importance aux États-Unis où l'amour de Jésus-Christ n'ait conduit un prêtre pour y consoler le voyageur catholique. »

En 1833, il avait écrit à sa mère le récit suivant d'une démonstration de sa foi et de sa piété :

« Vous savez qu'à Paris comme à Lyon (en 1833), mais pour des motifs beaucoup plus plausibles, les processions sont interdites ; mais parce qu'il plaît à quelques perturbateurs de parquer le catholicisme dans ses temples au sein des grandes villes, ce n'est pas une raison pour de jeunes chrétiens, à qui Dieu a donné une âme virile, de se priver des plus touchantes cérémonies de leur religion. Aussi s'en est-il trouvé quelques-uns qui avaient songé à prendre part à la procession de Nanterre, paisible village, patrie de la bonne sainte Geneviève.

« Le rendez-vous est donné un peu plus tard, il est vrai, et seulement dans un petit cercle d'amis. Le dimanche se lève serein et sans nuage, comme si le ciel eût voulu le fêter de ses pompes. Je pars de bon matin avec deux amis, nous nous arrêtons

pour déjeuner à la barrière de l'Étoile, nous arrivons
des premiers à l'humble rendez-vous. Peu à peu,
la petite troupe se grossit, et bientôt nous nous trouvons trente. D'abord toute l'aristocratie intellectuelle
de la conférence : Lallier, Lamache, dont je vous
montrerai d'excellents travaux historiques; Chernel,
saint-simonien converti; de la Noue, fils de l'ancien
président de la cour royale de Tours, et qui fait de
si beaux vers; puis M. Lejouteux, des Languedo-
ciens, des Francs-Comtois, des Normands et des
Lyonnais surtout, et votre serviteur très humble, la
plupart portant moustache, cinq ou six comptant cinq
pieds et huit pouces. Nous nous mêlons parmi les
paysans qui suivent le dais : c'est plaisir pour nous
de coudoyer ces braves gens, de chanter avec eux,
et de les voir s'émerveiller de notre bonne tournure
et s'édifier de notre religion.

« La procession était nombreuse et pleine d'une élé-
gante simplicité, toutes les maisons tendues, les chemins jonchés de fleurs; il y avait une foi, une piété
difficile à décrire. La cérémonie dura près de deux
heures; ensuite nous assistâmes à la grand'messe,
où la foule affluait jusqu'au dehors des portes de
l'église.

« Nous repartîmes à la fraîcheur du soir; la lune
ne tarda pas à nous éclairer à travers les arbres;
c'était un délicieux moment. Nous avions rempli nos
devoirs envers Dieu en lui rendant l'hommage qui
lui était dû, envers nos frères en leur donnant un bon
exemple, envers nous-mêmes en nous procurant un
plaisir pur, en nous donnant un témoignage de réci-
proque amitié. »

PAQUERON

COLONEL, DIRECTEUR DE L'ARTILLERIE

(1791 - 1863)

> « Le savant sans religion est un animal
> perfectionné, espèce fort dangereuse ; le
> chrétien même ignorant est un homme
> civilisé, agréable à Dieu, utile à ses frères,
> et fort commode aux gouvernements. »
>
> (PAQUERON.)

Pour les hommes de bon sens et de bonne foi, l'heure des illusions en fait de doctrines sociales et religieuses est passée : une épreuve décisive, qui se poursuit depuis un siècle, nous a démontré qu'il ne peut exister ni liberté, ni ordre, ni sécurité pour les individus et les sociétés en dehors de la foi chrétienne et catholique.

Quelques esprits ignorants, ou aveuglés par les préjugés, continuent de soutenir que la discipline catholique, supportable aux temps de croyance comme le moyen âge, n'est plus tolérable à notre époque de science et de liberté ; que les pratiques de la religion répugnent aux esprits larges et généreux, et que la raison émancipée rejette le joug de la foi. Eh bien ! s'il faut un témoignage ajouté à tant d'autres, que nous offrent ces pages, voici un homme d'un cœur ardent et d'un esprit résolu, qui a traversé dans sa jeunesse la société la plus dissolue de Paris, un homme qui a subi l'enseignement d'une école où l'irréligion était à l'ordre du jour, qui a suivi avec éclat la carrière militaire, qui a cultivé les sciences physiques et chimiques pour en tirer les plus ingénieuses applications, un homme qui par un travail de soixante années a mérité toutes les récompenses et tous les honneurs que le monde peut donner, et cet homme a été, en même temps, le catholique le plus fervent, cet homme n'a jamais négligé une seule des pratiques dont l'ignorance et la lâcheté sont effrayées. Rien ne prouve mieux que la vie du colonel Pâqueron combien la fidélité absolue au dogme catholique est en harmonie avec la science, le progrès.

Nicolas Pâqueron naquit en Lorraine, le 5 décembre 1791, d'une famille dont la fortune avait été compromise par les événements politiques. En 1808, il entrait à l'École polytechnique.

Il se trouvait alors bien seul et bien abandonné dans cette société corrompue et corruptrice, mais il eut l'inestimable bonheur de rencontrer un saint prêtre, l'abbé Quinet, dont il fit l'ami de son cœur et le confident de sa conscience; cette amitié fut la force de sa jeunesse et l'affermissement de sa foi. Mais aussi, comme il sut correspondre aux grâces du ciel!

La religion, en effet, sait admirablement s'allier avec les devoirs du soldat. On voit bien, il est vrai, sous l'uniforme, des hommes héroïques sans la foi, des hommes intrépides sans convictions religieuses, mais ces qualités sont rares, elles ne sont que naturelles et fragiles. Allons au fond de ces âmes, et nous n'y trouverons pas les vertus qui fleurirent dans celle du brave Pâqueron, et pour n'en citer qu'une seule, y trouverons-nous l'humilité, jointe à de grands talents et à de grands services rendus? Ce serait une erreur de le croire.

A la fin de 1810, le colonel entra à l'école d'artillerie de Metz. Il en sortit le cinquième. Lieutenant d'artillerie à vingt ans, il était considéré comme appelé au plus bel avenir par ses camarades, que charmait une heureuse union des qualités sérieuses de l'esprit avec l'entrain de la gaieté.

Bientôt la fortune des armes le conduisit à Dantzig, pour y subir toutes les horreurs d'un long blocus, où la famine était si cruelle que les soldats se disputaient, comme nourriture, les chevaux de leurs officiers. Cependant, sous l'action du froid, il fut paralysé d'un œil qui ne guérit jamais, et une attaque de typhus faillit l'enlever.

A son retour de cette triste campagne, en 1815, le jeune capitaine fut envoyé au Havre pour travailler à l'armement de la place. L'ère des batailles était close; une phase moins brillante allait s'ouvrir, il dut rester pendant trente-cinq ans occupé à des travaux ingrats dans l'artillerie et le service des poudres.

Pâqueron disait, dans cette circonstance : « Me voici rendu à mes ouvriers et à mes poudres... Je mets Dieu dans mes travaux; que me fait le reste du monde? Notre-Seigneur colore et poétise jusqu'à mes labeurs vulgaires. Que Dieu est bon ! »

Bientôt il fut appelé à l'inspection des poudres dans plusieurs villes de France, puis envoyé en

Algérie, d'où il écrivait à propos des Arabes : « Il y a chez ces fanatiques de quoi faire rougir notre société chrétienne : ils ont gardé l'idée religieuse et le caractère, deux trésors que la France moderne a perdus. Où sont les hommes de cœur qui sauront nous les rendre? »

Dans ces différentes situations il édifia toujours par la vivacité de sa foi, la fidélité à ses pratiques religieuses et la résignation chrétienne.

Cette dernière disposition lui fut bien nécessaire; car Dieu l'éprouva cruellement par la perte de tous ceux qu'il aimait. En peu d'années il vit mourir sa mère, son épouse, après six années de mariage, puis son père et bientôt un enfant. Alors, à l'âge de trente-huit ans commence pour lui une existence nouvelle, au sujet de laquelle il écrit : « O mon Dieu, prenez dans ma vie la place de mes chers absents, prenez le temps, prenez les forces que je leur aurais consacrés. Plus vous m'avez ôté, plus je veux vous donner, afin de retrouver en vous tout ce que j'ai perdu. »

En 1839, Charles, le seul garçon qui lui restait, fut reçu à l'École polytechnique, où les sentiments religieux étaient assez mal vus. Pâqueron écrivit à son enfant : « Arbore ton drapeau tout de suite, afin que l'on sache qui tu es. Il faut qu'après quarante-huit heures, aucun de tes camarades n'ait un doute à ton sujet. C'est l'unique moyen d'éviter les positions fausses et les engagements équivoques. Sois chrétien simplement, mais franchement. Parler comme on croit et agir comme on parle, voilà la meilleure logique du monde et celle qui produit toujours grand effet. Pas de faiblesse surtout! Quand on a l'honneur d'être chrétien, il ne s'agit pas de se faire pardonner ou tolérer, mais bien de se faire respecter. N'aie pas peur de passer pour singulier. Voici plus de quarante ans que, pour ma part, je suis très singulier, et ni Dieu ni les hommes ne m'en ont encore point puni. »

Après le mariage de sa fille, Pâqueron, promu au grade de lieutenant-colonel, fut appelé en 1846 à la direction de la capsulerie de guerre à Paris. Rien ne fut changé en sa vie, où la religion occupait toujours la première place. Voici comment il usait des plaisirs de la capitale.

Un officier général de ses amis le priant de l'accompagner au théâtre : « Volontiers, dit le colonel, mais ayez seulement la complaisance de venir avec moi dans une maison où j'ai affaire quelques minutes. » Et il conduisit son ami dans un misérable réduit de la rue du Pot-de-Fer-Saint-Sulpice, où une mère et cinq enfants pleuraient près du lit d'un père malade depuis longtemps. La scène était navrante.

« Si nous laissions ici l'argent du spectacle? dit Pâqueron à l'oreille de son ami.

— Allons, dit celui-ci, allons, c'est un traquenard de votre façon; inutile d'essayer d'en retirer la patte. »

Et il lui remit trois pièces d'or dans la main.

Des plaisirs de cette sorte étaient ordinaires pour le pieux colonel.

Peu de temps après survenait la révolution de 1848. Il la jugeait ainsi : « La houle est enfin tombée, mais

dans la rue seulement; nous avons de l'orage pour
longtemps dans les âmes... La révolution, cette fois,
n'a rien profané, c'est vrai; elle n'a peut-être pas
cassé les vitres d'un seul presbytère de village, mais
il ne faudrait pas s'y méprendre pourtant; elle n'en
est pas moins l'antichristianisme vivant. Elle ne met
pas la main sur les prêtres, mais elle menace de renverser de fond en comble l'ordre religieux. C'est peut-
être la plus large attaque doctrinale contre l'Église
qu'il y ait eu depuis Notre-Seigneur. Quelle est la
question cachée dans les vapeurs de cet orage? Si je
ne me trompe, c'est celle-ci: « Ne pouvon-snous pas,
« ne devons-nous pas faire notre bonheur sur terre,
« en dehors des solutions chrétiennes et des formes
« sociales inspirées jusqu'à présent par elles? » Ce
n'est point une question politique, c'est tout simplement une question théologique; et cette question
jetée dans les débats publics de ce temps, c'est du
fulminate de mercure disséminé dans l'air. J'ai bien
peur pour l'avenir. »

« J'ai bien peur pour l'avenir, » voilà des paroles
prophétiques dont nous voyons de nos jours la réali-
sation.

Ce fut le colonel Pâqueron qui remit à Mgr Affre
le rameau qu'il portait, quand cet héroïque prélat fut
tué sur les barricades.

L'archevêque de Paris avait voulu conférer avec
Pâqueron avant de tenter une mission de pacifica-
tion. Le colonel se jeta aux pieds du bon pasteur,
admirant son courage, mais ne lui cachant pas ses
terreurs.

« Ils sont ivres, Monseigneur, disait-il.

4

— Eh bien! s'ils me tuent, ils seront moins coupables. Allons! »

M. Pâqueron demanda à embrasser le martyr, et coupant dans son jardin un grand rameau vert :

« Dieu vous donne, Monseigneur, de me le rapporter bientôt. »

Vingt minutes après le sacrifice était consommé : le bon pasteur avait donné sa vie pour son troupeau.

Quelques jours après, le colonel était envoyé à la Rochelle avec le titre de directeur d'artillerie. Là, les protestants recherchaient sa société : « Ah! disaient-ils, si tous les catholiques étaient comme lui, demain nous serions tous catholiques. »

Aussi l'évêque de la Rochelle disait-il de son cher colonel :

« Il a autre chose à son service qu'une artillerie de bronze; il vous braque de tous côtés des vertus capables de confondre nos plus mortels adversaires. »

En effet, le colonel répétait : « Ne discutons pas; mais vivons bien. La lumière des œuvres éclaire tout le monde et ne froisse personne. »

Quand l'heure de la retraite eut sonné pour lui, malgré ses soixante ans, on le voit reprendre une nouvelle activité. On le trouve partout dans l'intérêt du bien, à la préfecture ou à la municipalité, dans les comités diocésains, dans les œuvres de charité, dans les cérémonies religieuses, dans les salons, dans les quartiers perdus, chez les malades et les pauvres. C'est au point que Mgr Cousseau s'écrie avec admiration : « Je ne me figure pas Angoulême sans lui. Le colonel est un type du bon citoyen. »

Ce fut au milieu de ces nobles occupations, toujours dévoué à tous, qu'il mourut, le 27 décembre 1863, d'une fluxion de poitrine gagnée dans la mansarde du pauvre. Ses derniers mots furent : « Jésus !... Marie !... les voir ! »

Quelques jours auparavant il disait : « Tenons-nous prêts, c'est peut-être le moment où Dieu va nous frapper. » Il disait vrai.

Recueillons, en terminant, quelques pensées remarquables du pieux colonel, trouvées dans le journal de sa vie.

Sur l'emploi de la vie. — « L'essentiel, ici-bas, n'est pas d'avoir une existence agréable, mais de rendre son existence utile. Celui qui ne sait pas mettre à profit son temps et ses forces pour se rendre meilleur et faire du bien à ceux qui l'entourent est complètement indigne de vivre. Un admirable moyen de se rendre chaque jour meilleur, c'est de scruter avec soin sa conscience et de juger impitoyablement ses actions quotidiennes. Rien n'est plus efficace que cette pratique. »

« Bien vivre fait infailliblement bien penser et noblement sentir : soyons fermes sur les pratiques. »

Sur le travail. — « Il faudrait faire entrer mille ans dans chaque année pour utiliser vraiment la vie et réaliser quelque chose qui demeure : *laboremus, laboremus...* Ce n'est point l'augmentation de la fortune qu'il faut chercher dans le travail, cela le rabaisserait singulièrement. Ce qu'il faut y chercher avant tout, c'est l'accomplissement d'une loi positive, c'est surtout l'expiation de nos fautes. Quiconque ne voit pas l'activité humaine de ce point de vue est

incapable de la comprendre et incapable de l'honorer... Dieu ne demande pas le succès, mais le travail,
le vrai travail plein d'ardeur et d'opiniâtreté... Je me
suis toujours dit : Si je travaille bien avec des intentions droites, Dieu me bénira. Il ne pourra pas s'y
refuser... Mets simplement le bon Dieu en mesure de
s'exécuter et tu verras. »

Sur le devoir. — Nul moraliste n'a mieux senti et
mieux rendu l'harmonie profonde qui unit le bonheur
au devoir :

« Quel est l'attrait qui manque au devoir? cher-
chons-nous le bonheur? il y est; le progrès de l'âme?
il y est; la vraie gloire? on l'y trouve; Dieu lui-
même enfin? il y est aussi, et il nous y attend comme
caché au fond, car tout devoir acccompli mène à Dieu...
Qui ne sait pas être esclave de son devoir ne sera
jamais maître de ses passions : on ne règne d'un côté
qu'en servant de l'autre. »

Sur la nécessité d'un règlement de vie. — « Rien
ne peut me défendre comme la puissance des règles.
Il faut que j'attache ma nature par des liens de fer,
et que je l'enferme dans d'invincibles pratiques; si
les idées et les principes agissent singulièrement sur
la conduite des hommes, il est également vrai que la
conduite réagit à son tour très puissamment sur leurs
idées et leurs sentiments; c'est ce que nous ne savons
pas assez. »

Sur l'alliance de la science et de la foi. — « La
science abstraite ne répond qu'à quelques-uns des
besoins intellectuels de l'homme, la religion répond
à toutes ses aspirations. Le savant sans religion n'est
qu'un animal perfectionné, espèce fort dangereuse;

le chrétien même ignorant est un homme civilisé,
agréable à Dieu, utile à ses frères et fort commode
aux gouvernements. On vante beaucoup la foi du
charbonnier, et elle a sa valeur, mais je ne dédaigne
pas du tout la foi des gens d'esprit. Le meilleur
moyen de devenir savant, c'est de devenir pieux.
C'est ce que ne comprennent point les savants du
monde, et c'est pour eux que le Seigneur a dit :
.« La vérité est cachée aux superbes, mais elle est
révélée aux petits. »

Sur les dangers de l'enseignement officiel. — « Les
tendances de l'enseignement public me jettent dans
l'épouvante. On rit niaisement des doctrines modernes ; autant vaudrait rire de la foudre quand elle
gronde et qu'elle est prête à écraser le navire. Ces
leçons de philosophie, tout émaillées de traits d'esprit décochés contre les catholiques, sont des sacs de
poudre placés en plein jour sous les murs de l'Europe. On n'y prend pas garde aujourd'hui, on sautera
en l'air demain. » Quelle vérité dans ces paroles !

Et encore : « Des sciences, des arts, de l'indus-
trie ; une grande civilisation au dehors, et pas de
principes, pas de bon sens au dedans. De la littérature et point de vérités, des bijoux et pas de pain.
Que de fripiers qui jouent au millionnaire avec de
vieilles loques! Triste, triste! De la science, oui ; de
l'art, oui ; du commerce, oui ; je veux bien de tout
cela, mais avant tout cela j'ai faim, et je veux le
pain de la vie. »

Sur les modérés en morale et en religion. —
« Soyons logiques toujours, et allons bravement jusqu'au bout. Pas d'à peu près, surtout en fait de

dogme et de morale. Les demi-vérités, les demi-
croyances, les demi-dévouements, bagage des âmes
médiocres, qui appellent modération ce qui n'est que
lâcheté ou impuissance. »

Sur l'enfance. — Ces belles paroles que les insti-
tuteurs devraient méditer : « Dieu a mis deux perles
dans l'âme des enfants : l'obéissance et la pureté.
Malheur à qui leur fait perdre l'une ou l'autre ! il tue
l'homme dans l'enfant. Qui veut élever des enfants
doit d'abord devenir un saint. Comment faire passer
en eux des vertus qu'on n'a pas soi-même? Devenons
des saints, sans cela nous ne serons jamais que de
mauvais pères. »

Et de nouveau : « Dieu a mis dans l'âme des
enfants l'obéissance et la pureté, malheur à qui leur
fait perdre l'une ou l'autre ! il tue sans remède l'homme
dans l'enfant. Il me semble que mes devoirs de père
se réduisent tous à un seul : défendre les intérêts de
Dieu dans le cœur de mon fils et mes propres droits
de père : tout est en harmonie dans le bien. »

A son fils. — « Sois bon camarade, de relations
faciles, d'esprit large, et travaille en conscience pour
remplir les vues de Dieu, préparer ton avenir, et
servir utilement ton pays. De la science, de la gaieté,
de l'amitié franche, mais pas de politique ; l'art de
déraisonner ne passera pas de sitôt... Dans tes luttes,
il n'y a pas à hésiter ; prends toujours le parti de Dieu
contre toi-même aussi bien que contre les autres.
C'est le seul parti de l'honneur et de la victoire... Tu
me trouveras toujours de ce côté. »

PÉLISSIER

MARÉCHAL DE FRANCE, AMBASSADEUR, GOUVERNEUR DE L'ALGÉRIE

(1792-1864)

> « Ma date dévote est bien et dûment
> choisie : l'assaut de Malakoff aura lieu le
> jour de la Nativité. » Et Sébastopol fut
> pris le 8 septembre.

La vie de ce vaillant capitaine fut consacrée tout
entière à servir et à rendre la France glorieuse sur
les plus célèbres champs de bataille de notre siècle.
Elle se passa, en grande partie, sur cette terre
d'Afrique, illustrée par les plus beaux exploits du
général Pélissier.

Né en 1792, élève du Prytanée militaire de la
Flèche, puis de Saint-Cyr, d'où il était sorti sous-
lieutenant d'artillerie, le futur maréchal avait fait
comme lieutenant ses premières campagnes en Espagne
en 1823, et en Morée en 1828. Mais déjà sa place
était marquée à l'état-major général de l'expédition
d'Alger, en 1830, où, dès les premiers engagements,
sa vaillance lui gagna le grade de chef de bataillon.
La province d'Oran le vit guerroyer pendant quinze
ans, toujours en activité jour et nuit pour faire aux

Arabes cette guerre de ruse et de combats incessants, qui seule réussit contre eux.

Pélissier prit part ensuite aux opérations les plus difficiles du général Bugeaud, comme lieutenant-colonel, puis colonel; se signalant toujours par son intelligence et sa bravoure, il devint l'un des plus terribles adversaires des Arabes.

Général de brigade en 1846, et de division en 1850, le valeureux soldat eut l'honneur de diriger l'expédition contre Laghouat, et s'empara de cette ville après une vive résistance de l'ennemi.

Mais la France avait besoin de ses services sur un champ de bataille d'une autre nature.

C'était en Crimée. Le général Canrobert, ayant donné sa démission de commandant en chef, fit nommer à sa place son vieil ami, Pélissier : « Général, avait dit Canrobert, j'ai été longtemps sous vos ordres, en Afrique; aujourd'hui c'est vous qui êtes sous les miens. Je vous ai étudié de près, et j'ai reconnu dans l'homme qui sait obéir la rare qualité de savoir commander : cette autorité, le moment est venu pour vous de l'exercer sur une grande échelle. »

Cette lutte de modestie et d'abnégation entre les deux vaillants frères d'armes aboutit à faire revêtir de l'autorité suprême le général Pélissier, qui, dans un ordre du jour, fit l'éloge du maréchal Canrobert.

Le nouveau général s'était mis à l'œuvre avec l'intelligence et l'activité qui le distinguaient, et après des succès préparatoires à une opération décisive, le commandant supérieur de l'armée avait décidé qu'un assaut suprême serait livré, à Sébastopol, le 8 septembre.

Après le conseil, un des généraux français, plus
vaillant en face des Russes que contre le respect
humain, vint trouver le futur duc de Malakoff, et lui
adressa de discrètes, mais pressantes observations

Le maréchal Pélissier.

sur le choix de l'époque de l'assaut. Peut-être,
disait-il, les Anglais, frénétiques adversaires du
papisme et de la vierge Marie, verraient-ils dans
la désignation du 8 septembre, jour de la Nativité
de la Mère de Dieu, une coïncidence préméditée
frisant la dévotion; peut-être serait-il bon de ne

4*

pas exposer l'armée française au reproche de bigoterie.

« Laissez-moi donc tranquille, répliqua le général Pélissier avec sa vivacité naturelle ; si les Anglais n'aiment pas la sainte Vierge, ce sont des imbéciles, voilà tout. Un roi de France a consacré la monarchie à Marie ; je veux vouer spécialement l'armée française, que je commande, à cette bonne Madone. Ma date dévote est bien et dûment choisie : l'assaut de Sébastopol aura lieu le jour de la Nativité de la sainte Vierge. »

Et Sébastopol fut pris le 8 septembre.

Cette décision n'avait pas été arrêtée au hasard. Le général avait, en effet, une dévotion véritable à la Mère de Dieu, dont il portait une médaille, reçue d'une religieuse du Puy.

Il écrivait à celle-ci :

« Bonne Mère, je commence par vous dire que je ratifie bien volontiers les vœux que vous avez faits pour moi. Et, vous aurez dû le remarquer, ces vœux ont été exaucés. C'est le lendemain de l'Assomption que j'ai battu les Russes à Traktir, et c'est le jour de la Nativité de Notre-Dame que fut pris Malakoff.

« Ainsi ce sont les bonnes prières à la Vierge et la foi que nous y avons qui, plus que le vulgaire ne pense, nous ont été d'un si grand secours dans ces deux glorieuses journées. »

A son retour de Crimée, passant à Marseille au milieu des ovations les plus magnifiques, le vainqueur des Russes n'oublia point ce qu'il devait à la sainte Vierge, et des catholiques virent avec joie le duc de Malakoff se rendre au sanctuaire de Notre-Dame-de-la-Garde, afin de déposer aux pieds de Marie l'hommage de sa reconnaissance et celle de l'armée victorieuse.

L'évêque de Marseille, Mgr de Mazenod, salua dans un discours d'une patriotique éloquence le héros de la journée :

« A l'armée! s'écria-t-il, à l'alliance de la valeur française et de l'esprit chrétien!... Ce que furent nos aïeux, les armes à la main, aux temps les plus héroïques de notre histoire, nos soldats viennent de l'être dans ce même Orient où, de nos jours comme autrefois, l'œuvre de Dieu s'est accomplie par les Français.

« Ils ont fait briller dans sa beauté primitive le vrai caractère du guerrier croyant et pratiquant sa foi. On les a vus, entre le prêtre et la sœur de Charité, donner au monde un spectacle non moins admirable que sous le canon de l'ennemi.

« Leur foi s'est retrempée dans le feu des combats, et leur valeur militaire s'est encore exaltée par la pensée que leurs sacrifices, acceptés par le ciel, se changeraient en triomphe pour leur pays.

« Mais, il faut le reconnaître, c'est, après Dieu, à l'empereur qu'ils doivent d'avoir mérité les bénédictions de la religion : en leur procurant les secours religieux, il leur en a fait connaître le prix. En les plaçant sous la protection de la Reine des cieux, il leur a donné un signe de ralliement auprès duquel aucune âme ne succombe.

« Honneur à l'illustre maréchal, dont le nom sera à jamais glorieux dans les fastes militaires de la

France, et qui a compris que la victoire vient d'en haut, ainsi que l'attesteront, dans notre future cathédrale, les marches du maître-autel, formées de granit de Sébastopol, pour être devant Dieu un perpétuel hommage à la gloire nationale! »

Le maréchal Pélissier répondit en ces termes :

« Monseigneur, je cède sans effort au besoin de remercier Votre Grandeur du pieux éloge qu'elle vient d'accorder à l'armée d'Orient. Vos paroles auront du retentissement dans cette armée, et si Votre Grandeur a exalté, comme elle le devait, la sollicitude de l'empereur, qui a voulu que ceux qui combattaient, que ceux qui étaient frappés fussent entourés partout des consolations et des secours de la religion, ces braves ont su puiser dans ce sentiment une force nouvelle; et Votre Grandeur peut être convaincue que toujours ils ont combattu avec la valeur et la foi des croisés, avec la résolution des soldats d'Austerlitz. »

Les preuves sont nombreuses qui nous révèlent la foi de Pélissier. C'est ainsi qu'à la tribune française le maréchal n'avait pas craint de se poser en défenseur des aumôniers militaires, en disant :

« La liberté individuelle étant garantie, je ne vois pas d'inconvénients à ce que les pensées soient ostensibles...; et pourquoi serait-on forcé de mettre sa conscience dans sa poche?... Enfin nos pauvres soldats n'ont-il pas besoin de confidents intimes, alors qu'ils viennent à peine de quitter leurs familles pour apprendre que la discipline est autre chose que l'inflexible niveau de l'esclavage? »

Ce sont là de nobles paroles, qui prouvent bien les

sentiments religieux de ce grand soldat. Nous savons aussi que pendant qu'il était à la tête du gouvernement de l'Algérie, le maréchal se plaisait à faire réciter le catéchisme et les prières à son enfant.

Après avoir été chargé de l'ambassade de Londres, Pélissier, en 1860, fut nommé gouverneur général de l'Algérie. A son arrivée, il avait reçu les autorités civiles, militaires et ecclésiastiques. A peine le clergé catholique venait-il de quitter le salon d'audience qu'on annonça les ministres évangéliques.

Deux messieurs à l'air grave entrèrent dans la salle.

« Ah çà! Messieurs, dit sans préambule le gouverneur, dites-moi donc pourquoi vous vous faites appeler ministres évangéliques? Vous ne prêchez pas l'évangile plus que ces braves curés qui sortent d'ici. Est-ce que vous n'avez pas un autre nom?

— On nous appelle, répondirent ces messieurs, ministres de la religion réformée.

— Réformée, réformée! murmura le maréchal; je ne vois pas du tout ce que vous avez réformé. Encore un nom mal choisi. Vous n'en auriez pas quelque autre?

— Nous sommes ministres protestants.

— A la bonne heure! Voilà qui est clair, juste et français. Je ne sais pas trop pourquoi vous protestez, ni vous non plus, peut-être; mais ça ne fait rien. Eh bien! messieurs les ministres protestants, puis-je vous être utile en quelque chose?

— Nous désirerions, répondirent ceux-ci, nous voir adjoindre un collègue.

— Vous êtes donc bien accablés de travail?... Combien avez-vous d'hommes sous vos ordres?... Je veux dire, combien comptez-vous de disciples?

— Quinze cents, monsieur le maréchal.

— Et vous ne pouvez pas suffire, à deux, à garder ce troupeau ? Je viens de voir de braves curés, qui ont chacun de trois à quatre mille ouailles et qui ne demandent pas d'aide. Pourtant ils ont sept sacrements à administrer[1], tandis que vous n'en avez guère qu'un ou deux, et peut-être pas du tout ; car il y a des protestants qui n'admettent ni le baptême, ni la cène... Au revoir, Messieurs ! »

Et les ministres protestants eurent beau protester, ils ne purent rien obtenir de plus du vieux guerrier, qu'ils ne soupçonnaient pas connaître si bien leur religion.

Malgré ses manières un peu rudes d'homme de guerre, le maréchal avait un cœur excellent et capable des plus douces comme des plus fortes amitiés. Il en donna une preuve dans ses relations avec le P. Régis, fondateur de la Trappe de Staouéli, en Afrique. A peine Pélissier eut-il fait la connaissance du vénérable religieux, à la pose de la première pierre du monastère, qu'une vive sympathie l'attira vers lui. Aussi ne cessa-t-il jamais de témoigner au père trappiste sa bienveillance et son amitié.

Un jour, passant dans une rue d'Alger, il aperçoit de loin le religieux et court à sa rencontre, lui prenant la main :

« Ah çà ! père, dit-il, nous sommes ici trois généraux de division : Canrobert, Mac-Mahon et moi. Mardi de la semaine prochaine nous allons chez vous, d'abord pour entendre la messe à l'autel de la sainte

---

[1] C'est cinq que Pélissier voulait dire, puisque deux sont réservés à l'évêque.

Vierge, sur notre champ de bataille de 1830, et puis vous nous donnerez à déjeuner, n'est-ce pas? »

La proposition fut acceptée avec empressement, et à son arrivée au monastère, le P. Régis appelle un de ses religieux, qui avait quitté Saint-Cyr pour entrer au séminaire :

« Eh bien, lui dit-il, mardi nous attendons trois grosses moustaches, qui désirent entendre la messe à l'autel de la sainte Vierge. Il faut une barbe comme la vôtre pour faire le pendant (la barbe de ce religieux avait deux pieds de long). Vous direz donc la messe à leur intention, et moi, à part, je prierai Dieu pour eux. »

Au jour dit, les trois généraux arrivèrent devant l'autel de la Vierge assister à la messe.

Un autre fait rapporté par les chroniqueurs de cette époque :

Après la guerre de Crimée, le maréchal avait voulu manifester au cœur même de la France, en plein Paris, sa reconnaissance envers la sainte Mère de Dieu pour l'assistance qu'il reconnaissait avoir reçue d'elle ; il annonça son intention de lui rendre publiquement hommage dans l'église de Notre-Dame-des-Victoires.

« C'est elle qui a tout fait, disait-il en montrant la médaille qu'il portait ostensiblement ; à elle nos actions de grâces ! »

Le P. Régis, qui se trouvait à Paris, promit de célébrer la messe dans cette circonstance, dont il rapporte lui-même les incidents.

« M. le curé Desgenettes, dit le vénérable Père,

avait très volontiers promis son concours ; il annonça
même le soir, à l'exercice de l'archiconfrérie, la
grande cérémonie du lendemain. Le moment venu,
j'étais déjà revêtu des ornements et l'église pleine
de monde. M. le curé avait disposé un fauteuil dans
la chapelle pour le maréchal. Huit heures étaient
sonnées et le personnage n'arrivait pas.

« On commençait à craindre un oubli, quand, tout
à coup, on entend un bruit de carrosse et une voix
qui crie et se fâche, puis distinctement ces mots :
« Ce malheureux cocher, je lui avais dit : A Notre-
« Dame-des-Victoires ! et il m'a conduit à l'hôtel de
« Notre-Dame-des-Victoires ! » donnant ainsi la raison et l'excuse de son retard. On l'introduit dans la
chapelle ; il se laisse mettre un prie-Dieu, préparé
pour lui.

« La messe se dit. Après la cérémonie je rentrai
à la sacristie, le maréchal me suivit. M. Desgenettes
se présenta à lui, le félicita sur ses victoires, et aussi
sur la salutaire pensée qu'il avait eue de venir en
remercier Dieu dans l'église de Notre-Dame-des-
Victoires. M. le maréchal remercia à son tour le saint
curé, et lui dit comment il s'était associé à sa pensée
en livrant bataille le 8 septembre, jour de la Nativité
de Notre-Dame. Il ajouta : « J'ai aussi pensé à votre
« sanctuaire, car voici une vieille croix qui a été
« sauvée du désastre de la tour de Malakoff et dont
« je vous fais hommage. »

Et le guerrier fit présent à cette église de ce tro-
phée de sa victoire sur les Russes. Le prix qu'il
attachait à cette simple croix était bien supérieur
à son estime pour les canons conquis à l'ennemi.

Le maréchal, dans sa vieillesse, ne démentit point ces beaux sentiments.

« Animé durant sa vie de sentiments religieux, a dit le général de Martimprey, comme le sont toutes les grandes intelligences unies à un grand cœur, le maréchal, à son lit de mort, s'était entouré des secours spirituels. »

Il mourut le 22 mai 1864.

Dévouement à la France, fidélité à Dieu, intrépidité, courage et honneur, telles sont les vertus guerrières que nous présente cette carrière d'un vertueux soldat, noble caractère bien digne de figurer dans cette galerie d'hommes célèbres.

PIMODAN (DE)

GÉNÉRAL

(1822-1860)

> « On peut inscrire sur son tombeau :
> *Plutôt mourir que de laisser triompher*
> *l'iniquité.* »   (A. DE SÉGUR.)

Soldat de Dieu, Georges de Pimodan combattait à Castelfidardo à la tête de cette phalange de héros, et comme il fut le premier au combat, il fut aussi le premier qui mourut ce jour-là pour la cause du pape et de Jésus-Christ.

Le marquis de Pimodan vit flotter au-dessus de son berceau cette belle devise de sa race : *Potius mori quam fœdari*, « Plutôt mourir qu'être souillé ». C'est la devise de l'honneur. Il fit plus que d'y être fidèle, dit M. A. de Ségur, et l'on pourrait inscrire sur son tombeau : « Plutôt mourir que de laisser triompher l'iniquité; » c'est la devise du dévouement.

Ce fut au service de l'Autriche qu'il fit ses premières armes et qu'il put donner libre carrière à ces instincts militaires, à ces ardeurs généreuses qui bouillonnaient dans son âme. Il était né soldat, il devait mourir en soldat.

Chargé à Vérone de dépêches importantes pour

le général qui commandait à Trieste, il revenait de cette dernière ville quand il fut arrêté par les insurgés à Venise, et conduit en présence de Manin. Le dictateur le considéra d'abord d'un air étonné, puis, ouvrant un tiroir rempli d'or, il regarda fixement le jeune homme et lui dit en montrant cet or : « Vous voulez être des nôtres, n'est-ce pas, et vous venez combattre pour la liberté de Venise ? »

Un éclair d'indignation passa dans les yeux de Georges de Pimodan : « Monsieur, s'écrie-t-il, je suis d'une noble famille et officier de l'empereur, je ne connais que mon devoir. »

Il parvint à s'échapper et regagna Vérone, où le maréchal Radetzky le nomma capitaine d'état-major, et l'envoya porter à Vienne les drapeaux pris sur l'ennemi.

Après la campagne d'Italie, il fit celle de Hongrie, où il se distingua comme dans la première. Fait prisonnier de guerre, il avait tenté de s'évader et de livrer la forteresse aux soldats de l'empereur. Traduit pour ce fait devant un conseil de guerre, il fut condamné à mort. Il crut son heure suprême arrivée, et se prépara à mourir en soldat et en chrétien. Sur un des carreaux de sa prison étaient écrites, avec une bague en brillant, ces paroles simples et fortes où se révélait sa belle âme : « Adieu, chers parents, je vais être fusillé ; je suis tranquille et résigné : je meurs plein de foi et d'espérance. Chère mère, mon seul chagrin est le vôtre. »

Dieu n'accepta pas son sacrifice ; il le réservait à de plus grandes choses. Le brave soldat fut sauvé à l'arrivée triomphale du général Hagnau.

En 1855, le marquis de Pimodan, alors lieutenant-colonel, pouvait arriver à un grade plus élevé à la condition d'être naturalisé autrichien; il refusa de renoncer à la qualité de Français.

Obligé de quitter le service de l'Autriche il revint en France, où il trouva dans le mariage une épouse digne de lui, et bientôt deux enfants qui devaient perpétuer l'honneur de son nom.

C'est au milieu des joies et des douceurs de la famille que la voix du chef de l'Église se fit entendre à lui.

Bien vite son parti fut pris, et sa noble compagne ne chercha point à le retenir. Pie IX demandait du secours; Georges de Pimodan se rendit à Rome, où le brave Lamoricière le nomma son chef d'état-major.

Il ne tarda pas à se signaler.

Son premier exploit fut de tuer et de disperser, à la tête de soixante soldats armés à la hâte, quatre cents bandits garibaldiens, premiers avant-coureurs de l'armée qui devait bientôt envahir les États pontificaux au mépris de la justice, de l'honneur et de la religion. Du mois de juin au mois de septembre, le général de Pimodan aida le général de Lamoricière à organiser son armée et ses moyens de défense, et quand arriva le jour de la lutte suprême il était là, à côté de son chef, prêt à combattre et à mourir pour la cause sainte à laquelle il s'était dévoué.

A Lorette, la veille même de la grande bataille où il devait succomber, le général de Pimodan, confondu dans la foule des soldats et des officiers, se confessa humblement et se prépara au combat, dit M. A. de

Ségur, selon la grande méthode catholique et française des Condé, des Turenne et des croisés, ses
ancêtres. Si quelqu'un passant par là eût demandé ce
que c'était que cette foule en uniforme, qui se pressait aux portes d'une église, on eût pu lui répondre :
« C'est une armée qui se confesse avant de se faire
égorger pour la foi. »

« Le lendemain, continue son panégyriste, à quatre
heures du matin, à genoux dans le sanctuaire de
Lorette, à côté du général de Lamoricière, à l'ombre
de ces murs sacrés qui abritèrent jadis la mère de
Dieu et Dieu lui-même fait homme, le général de
Pimodan reçut le corps divin du Seigneur. Il pria, il
médita longtemps. Quand il se releva, le sacrifice de
sa vie était fait et accepté de Dieu : le héros, le martyr
était achevé ; il ne lui manquait plus que la palme et
la couronne que la bataille allait lui donner.

« Quelques heures plus tard, dit M. de Ségur, il
s'élançait sur les Piémontais à la tête de sa colonne,
se battait comme un lion, électrisant ses soldats, et
étonnait ses ennemis par sa bravoure. Tant qu'il fut
debout, ils tinrent bon, malgré l'infériorité du nombre,
et quand il tomba, la dernière espérance de succès
tomba avec lui. Sa seule harangue au bataillon franco-
belge avant le combat avait été cette phrase : « Pour
« vous, souvenez-vous que vous êtes catholiques et
« Français. »

Il fut atteint presque simultanément de trois blessures, l'une au visage, l'autre au pied, la troisième
et la plus terrible en pleine poitrine. Celle-là était
mortelle.

En recevant la première, il s'écria : « Courage, mes enfants, Dieu est avec nous ! »

« Dieu est avec nous, » répéta-t-il en se sentant frappé pour la seconde fois. Et le coup suprême le trouva répétant encore cette grande parole. Il s'affaissa sur lui-même, et fut transporté dans une chaumière où il reçut les premiers soins. Au milieu de ses cruelles souffrances, le héros s'oubliait pour ne penser qu'au succès de la cause à laquelle il achevait de donner sa vie : « Mes amis, disait-il, laissez-moi mourir ici, et retournez à votre poste pour faire votre devoir. »

Une balle était entrée dans la région du sein droit et sortie à gauche. Il souffrait horriblement, et endurait ses douleurs avec le calme et la patience d'un martyr. Il reçut les sacrements sur le champ de bataille, et expira enfin vers minuit : c'était dans la nuit du 18 au 19 septembre.

Ainsi mourut, à trente-huit ans, Georges de Pimodan, général dans l'armée pontificale, laissant un nom immortel dans l'histoire de l'Église. Il fut pleuré, béni, glorifié par des millions de chrétiens de toutes nations, qui trois mois auparavant ignoraient son existence.

Quelques jours après, la marquise de Pimodan écrivait à son mari qu'elle croyait vivant. Une amie lui dit :

« N'écrivez pas ; la lettre ne lui parviendrait pas, il est prisonnier.

— Prisonnier ! s'écrie la noble femme, c'est impossible ; il est mort ! allons à l'église prier pour lui. »

Puis, prenant son jeune fils, elle le couvre de baisers et de larmes, et lui dit en l'embrassant : « Toi aussi, tu seras soldat. »

Voilà ce que sont les soldats du pape, voilà ce que sont leurs veuves, et, avec la grâce de Dieu, ce que seront leurs enfants.

Georges de Pimodan fut inhumé à Rome, dans l'église de Saint-Louis-des-Français, selon le désir dé Pie IX, qui voulut faire à ses frais de splendides funérailles au vaillant général.

RANDON

MINISTRE, SÉNATEUR, MARÉCHAL DE FRANCE
GOUVERNEUR DE L'ALGÉRIE

(1795-1871)

> « Le maréchal sentit la lumière se faire
> dans son esprit, tous ses doutes se dissiper
> et un mystérieux attrait le pousser vers le
> catholicisme. »   (P. CLAIR.)

Le comte Randon, né à Grenoble en 1795, s'engagea de bonne heure sous les ordres de son oncle, le général Marchand, fit dans la grande armée les campagnes de Russie, de Saxe et de France.

A dater de 1838, pendant dix ans, son nom est mêlé à toutes les expéditions contre les Arabes. Nommé gouverneur d'Algérie en 1848 et en 1851, il le fut jusqu'en 1858. Il eut la gloire de diriger contre les Kabyles la dernière expédition qui assura la conquête de leur pays. Puis il fut nommé ministre de la guerre en 1859.

Mais son plus beau titre de gloire pour nous est sa conversion au catholicisme, œuvre longue et difficile, due surtout au zèle du R. P. Olivaint, massacré sous la Commune.

Le P. Clair, dans sa vie du vénérable martyr, a raconté ainsi l'histoire de cette conversion du maréchal :

« Issu d'une famille protestante, le maréchal Randon vécut longtemps dans la religion de ses pères sans que rien ne troublât sa bonne foi. Nature droite et loyale, esprit élevé, cœur généreux et vaillant, il allait à Dieu simplement et cherchait la vérité sans arrière-pensée. Loin de nourrir aucune prévention contre le catholicisme, il pencha peu à peu et comme à son insu vers lui.

« Gouverneur général de l'Algérie, il s'était intimement lié avec le P. Brumauld, de la compagnie de Jésus, dont il favorisait de tout son pouvoir les fondations charitables et les essais de colonisation chrétienne. En retour, le zélé religieux faisait violence au ciel pour obtenir la conversion du maréchal; il s'était même concerté avec quelques autres missionnaires, pour que chaque jour le saint sacrifice fût offert par l'un d'eux à cette intention.

« On peut dire que l'âme qu'il s'agissait de sauver était naturellement catholique. Le maréchal saisissait en effet toutes les occasions de témoigner son estime et sa vénération pour l'Église, son culte, ses ministres. Ainsi, il exigeait que l'aumônier des colonnes expéditionnaires occupât toujours, à la table de l'état-major, la place d'honneur, « comme représentant la première autorité, celle de Dieu. » A Alger, il se faisait un devoir d'assister aux splendides processions de la Fête-Dieu, et d'y donner à tous l'exemple d'un religieux respect.

« Après la mort du P. Brumauld, le P. Olivaint, par ses prières et son action discrète, continua l'œuvre de cette conversion.

« Longtemps il demeura invisible, comme l'ange

5

gardien, mais inspirant et dirigeant tout ce qui se faisait en faveur du « cher séparé »; c'est ainsi qu'il se plaisait à nommer le maréchal.

« On le tenait au courant des moindres progrès; et quelle était sa joie quand il apprenait, par exemple, que le ministre de la guerre, encore protestant, avait pris noblement la défense du saint-père dans les conseils du gouvernement; qu'il avait, par une touchante délicatesse, confié à Mme la comtesse de Randon le soin de veiller à l'entretien des chapelles dans les forts de Paris; qu'il marquait pour la véritable Église un attrait d'autant plus vif qu'elle était plus violemment attaquée !

« Au moment où le livre de M. Renan faisait scandale, le maréchal formulait ainsi son jugement sur cet odieux pamphlet : « En résumé, ce livre aura eu « pour résultat de rapprocher dans une commune in- « dignation deux religions qui, au fond (pensait-il), « sont divisées par si peu... Il faudrait de ces deux « religions n'en faire qu'une, prendre à l'Église ca- « tholique son esprit de gouvernement et son unité; « au protestantisme... quoi? Je ne sais trop, car après « tout c'est moins une religion qu'une négation. »

« Il se montrait fatigué et comme honteux des dissensions qui déchiraient la prétendue réforme et des contradictions doctrinales de ses ministres : « Un « pasteur prêchant en habit noir et cravate blanche, « disait-il, me fait l'effet d'un colonel commandant « son régiment en habit bourgeois. »

« Ces succès partiels présageaient dans un avenir prochain la pleine victoire, et le P. Olivaint s'écriait : « Oh ! il faut que nous obtenions cette conversion !

« Il n'y a pas d'exemple qu'un souverain, un prince
« ou même un simple particulier ait servi l'Église
« sans recevoir de Dieu la récompense. Et le maré-
« chal qui a si bien défendu le saint-père n'en serait
« pas récompensé par le don de la foi ! »

« C'était une allusion aux soins donnés par le maréchal de Randon à la formation de la légion d'An-
tibes, dont il avait voulu choisir lui-même un à un
tous les officiers et la plupart des soldats.

« Enfin, un jour vint où le P. Olivaint put dire :
« La conversion du cher séparé est un fruit qui tient
« encore à l'arbre et mûrit doucement, mais nous le
« cueillerons demain ou après-demain... Il ne faut
« plus qu'une circonstance providentielle pour amener
« le résultat définitif. »

« Cette circonstance providentielle fut, comme il
arrive le plus souvent, une cruelle épreuve. Le fidèle
et loyal serviteur de la France se vit tout à coup
en butte à d'injustes accusations et à d'indignes
calomnies.

« Au mois de janvier 1867, le maréchal disgracié
quittait le ministère de la guerre.

« — Je ne puis m'empêcher de déplorer cette retraite, écrivit aussitôt le P. Olivaint. Le maréchal a si
noblement rempli sa mission, il a si généreusement
défendu les intérêts de l'Église ! Il sera bien difficile
de trouver un successeur aussi dévoué que lui à tout
bien ; les hommes qui lui ressemblent deviennent si
rares ! Cependant, tout en déplorant cette retraite, je
ne puis m'empêcher de me réjouir. J'éprouve en ce
moment une douce espérance. Il me semble que l'heure

approche où vous aurez la consolation d'offrir à Notre-
Seigneur cette chère âme tout à fait conquise à la
vérité par l'esprit, comme elle l'est déjà par le cœur,
ou plutôt conquise à la vérité par la pratique de la
foi, comme elle l'est déjà par le cœur et l'esprit. Vous
savez si je prie avec vous, et si tout mon dévouement
vous est assuré au besoin dans cette œuvre. »

« Retiré dans ses montagnes du Dauphiné, le maréchal consacra au recueillement et à la prière les
loisirs que lui faisait l'ingratitude des hommes.

« Il surveilla lui-même la construction d'une chapelle bâtie auprès de son château de Saint-Ismier, et
au sommet de laquelle se dressa, par son ordre, une
grande croix. Le Dieu de l'Eucharistie vint y faire sa
demeure et remplir de ses bénédictions la maison de
son hôte : *Salus domui huic hodie facta est.*

« Le maréchal se prêtait volontiers aux pieuses in-
dustries qu'on imaginait pour l'acheminer insensi-
blement vers le catholicisme. Tantôt, c'était une petite
médaille de la sainte Vierge qu'il consentait à porter
sur lui; tantôt, la prière du soir qu'il faisait en famille,
ou la messe à laquelle il assistait volontiers. Le P. Olivaint répondait au message qui lui apportait ces touchantes nouvelles : « Demain, jour de l'exaltation de
« la Sainte-Croix, je dirai la messe pour le cher sé-
« paré, qui, le matin, j'en suis sûr, se sera simple-
« ment, chrétiennement, pieusement uni à nous pour
« entendre la messe dans la petite chapelle, et adorer
« avec nous le bon Maître. Quelles influences vont
« s'échapper de ce tabernacle pour avancer la con-
« version de cette chère âme!... Oui, recourez plus

« que jamais à l'influence directe de Notre-Seigneur;
« il s'approchera de lui par vous. »

« Tant de prières ferventes touchèrent le cœur de
Dieu. Le vieux maréchal sentit la lumière se faire
dans son esprit, tous ses doutes se dissiper, et un
mystérieux attrait le pousser dans le sein du catholicisme. Il s'en ouvrit avec sa franchise habituelle à
celle qui n'avait vécu que pour lui obtenir ce bonheur.

« La mort, disait-il approchait : ceux que réunirait
la même tombe devaient avoir une même foi ici-bas,
afin de se retrouver ensemble dans une autre vie.

« — *Magnificat!... Te Deum!...* s'écria le P. Olivaint
avec transport. Voyez-vous que la sainte Eucharistie
a exercé sur lui sa toute-puissante influence ? Je ne
saurais vous dire à quel point je partage votre joie. »

« Peu de jours après eut lieu la première entrevue
du maréchal avec celui qui depuis si longtemps s'in-
téressait à son âme. L'entente s'établit aussitôt.

« — Le bon maréchal, écrivait son nouveau guide,
a une droiture et un mouvement du cœur qui me
touchent profondément. »

« Enfin, après que le noble vieillard eut été suffi-
samment instruit du dogme catholique, le jour fut
fixé pour la réconciliation avec la sainte Église.

« Le 22 décembre 1867, dans l'humble chapelle
d'un orphelinat, en présence du P. Olivaint et de
deux témoins, le maréchal déclara reconnaître l'Église
catholique pour la seule et véritable Église, faire
profession de la religion catholique, apostolique et
romaine, et renoncer à l'hérésie de Calvin. »

Depuis lors, il apporta au service de Dieu une
fidélité que le P. Olivaint appelait militaire.

« J'admire vraiment, écrivait-il, la grâce de Dieu dans cette âme si droite; comme il prend simplement les choses ! »

Une particulière amitié unit jusqu'à la fin le prêtre et le soldat. Le 22 juillet 1870, le P. Olivaint adressait au maréchal la lettre suivante :

« Laissez-moi, monsieur le maréchal, vous témoigner le bonheur que j'ai ressenti d'être auprès de vous l'instrument de la grâce de Dieu. Je vous ai voué un attachement sincère et profond. Je vous suivrai de cœur sur cette terre d'Afrique où, par votre esprit chrétien, vous avez fait tant de bien autrefois, où vous ferez bientôt, maintenant que vous êtes plus près de Dieu, plus de bien encore. »

De son côté, le maréchal exprimait avec bonheur sa reconnaissance au P. Olivaint, pour tous les secours spirituels qu'il lui avait prodigués. « Je vous prie de croire, ajoutait-il, que je n'oublierai jamais ce que je vous dois à ce sujet ; car j'y trouverai une consolation et un soutien dans les adversités dont la vie est ici-bas parsemée, et une confiance bien grande pour cette vie qui nous est réservée dans le ciel. »

Le maréchal entrevoyait le terme ; il l'atteignit bientôt. « Oh ! la patrie, ses souffrances me tuent ! » Ce furent ses dernières paroles. Il mourut en 1871.

Atteint d'une cruelle maladie, sa vigoureuse organisation résistait au mal ; mais il en survint un contre lequel elle fut impuissante, ce fut le mal qui frappa la France, et dont nous souffrons encore. Lorsqu'il vit les gloires de la patrie s'éclipser, la vie l'abandonna, et il rendit son âme à Dieu. Il est mort avec le courage du soldat, avec la foi et la soumission du chrétien. Il est mort après avoir reçu les sacrements qui aident à faire le voyage de l'éternité. Il est mort après s'être courbé avec amour et reconnaissance sous la main du pontife suprême, qui lui donna sa bénédiction apostolique.

RÉCAMIER

PROFESSEUR A LA FACULTÉ DE MÉDECINE
ET AU COLLÈGE DE FRANCE

(1774-1852)

> « Fervent chrétien, il est une preuve
> évidente et magnifique de l'union de la
> science et de la foi. »   (SAILLARD.)

Joseph Récamier fut le plus célèbre médecin de son temps.

Né à Rochefort (Ain), il commença la médecine avec Bichat, à l'hôpital de Bourges. Après avoir été attaché au service de l'armée de terre, puis à celui de la marine, il fut nommé médecin ordinaire de l'Hôtel-Dieu, où il exerça pendant quarante ans, et, plus tard, professeur à la Faculté de médecine de Paris et au Collège de France.

Récamier était un praticien fécond en ressources, étonnant par l'élévation de ses théories et l'audace heureuse de sa médication. Aussi sa réputation fut-elle universelle. « Il termina par une mort précieuse devant Dieu une vie remplie de bonnes œuvres, qui avait été marquée par une foi vive et la pratique la plus fidèle des devoirs religieux. Fervent chrétien, il est une évidente et magnifique preuve de l'union de la science et de la foi[1]. »

[1] *Hommes célèbres*, par l'abbé Saillard.

Quelques épisodes de la vie de l'éminent docteur nous le ferons mieux connaître. Nous empruntons la première au docteur Macé.

Récamier était allé voir un de ses malades, M. le comte de Malet, ancien officier supérieur de cavalerie qui était devenu prêtre. Le docteur Macé, présent à cette visite, rapporte ce qui suit :

« Récamier se levait déjà pour le salut d'adieu, lorsque, faisant un geste de ressouvenance, il remit son chapeau sur la table, replaça sa canne à côté, et plongeant la main dans une des poches de son pantalon :

« — Peste ! s'écria-t-il, j'allais oublier une affaire très sérieuse !

« — Quoi donc ? demanda l'ecclésiastique.

« — Il m'est arrivé un malheur, monsieur l'abbé.

« — Ah bah !

« — Un malheur que vous seul pouvez réparer.

« — Voyons !

« — Il s'agit d'une facture que vous saurez parfaitement remettre, d'une petite opération que je vous prie de pratiquer. »

« Et, ce disant, l'illustre professeur, retirant la main de sa poche, montrait triomphalement devinez quoi ? un chapelet.

« J'avoue que j'en restais tout ébahi. Lui, le grand Récamier, l'illustre professeur, chargé d'enseigner non seulement à l'École de médecine, mais au Collège de France ; lui, le médecin des grands, des seigneurs, des princes, des rois même, lui dont la réputation était européenne, disait son chapelet comme un communiant, comme un séminariste, comme une femme !

5*

Car il n'y avait aucune forfanterie chez ce digne
homme ; il pratiquait dévotement, saintement même,
et s'il le racontait, c'était avec une charmante bon-
homie et avec une exquise simplicité.

« — Dame ! je dis mon chapelet, fit-il en se ré-
tournant vers nous, le sourire au visage. Quand je
suis inquiet d'un malade, quand je suis à bout de
ressources, quand je trouve la médecine impuissante
et la thérapeutique inefficace, je m'adresse à Celui
qui sait tout guérir. Seulement j'y mets de la diplo-
matie ; et comme, emporté par mes occupations, je
n'ai pas le temps d'intercéder bien longtemps, je
prends la sainte Vierge pour mon intermédiaire : en
me rendant chez mes malades, je lui dis une ou deux
dizaines de chapelet. Rien de plus facile, vous com-
prenez ? Je suis bien tranquille dans ma voiture, je
glisse la main dans ma poche, et puis... j'entre en
conversation.

« Le chapelet est mon interprète. Or, comme j'ai
recours assez souvent à cet interprète, il est fatigué,
il est malade, et c'est pourquoi je prie M. l'abbé de
l'examiner, de lui donner une consultation, de l'opérer
si besoin est, en un mot de le guérir. »

« Mon père approuva par deux ou trois mots, j'applaudis par de simples saluts ; le comte de Malet prit
le chapelet mutilé, promit de le remettre promptement
en bon état, et M. Récamier nous quitta.

« Le soir, en me couchant, j'avais la tête et le cœur
pleins de la visite faite ; je ne pus m'empêcher de
sourire aux sottes plaisanteries d'un grand nombre
de gens, qui trouvent le chapelet bon tout au plus

pour les dévotes, et qui croiraient déroger à leur dignité en récitant plusieurs fois de suite un certain nombre d'*Ave Maria!*

« — Mon ami, me disait plus tard Récamier dans ce langage imagé, pittoresque, excentrique, qui lui était familier, le chapelet est une sonnette : chaque *Ave Maria* est une sommation, ou, si vous l'aimez mieux, une pétition bien apostillée.

« Vous voyez arriver tous les jours à Paris un tas de gobe-mouches qui y viennent pour intercéder auprès des autorités, pour implorer les puissants et les riches. Or, pour être admis aux Tuileries il faut des protections, des demandes d'audience, des amis très haut placés ; pour pénétrer dans un ministère il faut de nombreuses démarches et la bienveillance, difficile à obtenir, des employés, de l'entourage, quelquefois même des concierges et de messieurs les garçons de bureau.

« Pour parler à la sainte Vierge rien de plus simple : on tire la sonnette, c'est-à-dire que l'on prend son chapelet ; vite la porte est ouverte, on présente sa pétition, et la sainte Vierge est si bonne, qu'à moins de raisons particulières la prière est aussitôt exaucée. »

« — Du courage, Mesdames, du courage, disait une autre fois le pieux docteur en faisant prier pour un malade désespéré, du courage, et rappelez-vous avec confiance tout ce qu'elle a déjà fait pour vous. Oh ! priez la sainte Vierge, priez-la bien, et soyez sûres qu'elle vous donnera la force dont vous avez besoin dans un aussi cruel moment. »

Telle était sa dévotion envers Marie et sa confiance dans la puissance de l'*Ave Maria.*

Un élève du savant professeur a raconté le trait suivant :

« Nous montions un jour ensemble les escaliers d'une maison sale et haute, une de ces antiques masures que l'on cherche avec raison à faire disparaître de Paris. Les escaliers en pierre, humides, boueux, glissants, étaient usés et rapides; heureusement il y avait une rampe d'un côté, une corde de l'autre; nous fîmes notre ascension. Il ne s'agissait rien moins que d'arriver au cinquième étage.

« — Ouf! nous y voilà! » fit en reprenant haleine et en s'appuyant sur sa canne l'illustre praticien.

« Nous sonnons; nous sommes introduits dans une chambre assez propre, mais où tout décelait une existence besoigneuse et révélait une aisance perdue. Quelques tableaux et de vrais tableaux; un piano, recouvert d'assiettes fêlées et d'une poussière caractéristique; un restant de tapis, du linge usé, mais vraiment fin; enfin trois ou quatre portraits de famille, miniatures charmantes, qui par leurs costumes, leurs uniformes, révélaient un rang, un rôle, une position.

« La personne malade était une femme âgée, qui, malgré ses soixante-douze ans, gardait un reste de beauté et de distinction.

« Récamier l'interrogea, la rassura, me dicta une petite prescription, et comme nous nous en allions :

« — Merci, monsieur le docteur, lui dit la vieille. Combien je suis fâchée de vous avoir dérangé! me voilà rassurée maintenant; mais je demeure si haut! soyez assez bon pour me dire ce que je vous dois.

« — Le fait est, dit Récamier, que vous demeurez

bien haut, bien haut; tenez, voilà mon secrétaire qui ne pouvait pas me suivre et qui s'étouffait.

« — Combien vous dois-je? réitéra la malade.

« — Ma foi, répondit Récamier, c'est une visite qui vaut bien un louis, et comme je n'aime pas avoir de dettes, voilà! »

« Et il mit sur la cheminée quatre pièces de cent sous.

« — Mais, docteur! mais, docteur!

« — Pas d'observations, chère dame, et pas de susceptibilité : vous n'êtes pas très heureuse, la personne qui vous a recommandé à moi me l'a conté ; de plus, vous êtes malade et vous avez besoin d'une foule de petites choses. Acceptez ma visite comme celle d'un ami, et le peu d'argent que je viens de mettre là comme un prêt que vous me rendrez en prières. »

Voilà un trait de charité qu'il savait exercer souvent en secret.

Ce qu'il y avait d'admirable surtout dans ce grand chrétien c'était son esprit de foi, qui se mêlait à toutes ses actions, de telle sorte que jamais il ne décidait rien d'important sans avoir fait prier et prié lui-même.

Une circonstance de la vie du vénérable évêque de Dijon, Mgr Rivet, qui vient de mourir, nous en offre une preuve bien édifiante.

Ce prélat avait une santé délicate et chancelante, lorsque, en 1838, il fut appelé à l'épiscopat; de là dans l'âme du saint prêtre des inquiétudes et des scrupules, en présence du fardeau qu'il craignait de ne pouvoir porter utilement.

Il demanda donc et obtint d'ajourner le oui final

jusqu'à ce que, dans la mesure très limitée où la science humaine peut pénétrer l'avenir, une décision autorisée fût venue mettre un terme à ses hésitations.

Il part pour Paris et va frapper à la porte d'un médecin illustre qui était en même temps un grand chrétien.

Introduit près du docteur Récamier, le curé de Notre-Dame de Versailles lui expose en quelques mots l'objet de sa visite, et, pour être sûr d'avoir une réponse précise, demande s'il peut compter sur six ans de vie.

« Il s'agit d'un cas de conscience? répond le docteur de sa voix brusque, mauvais interprète d'un cœur d'or et d'une âme pleine de tendresse pour Dieu et pour les pauvres : « A genoux, *Veni Creator*. » Aussitôt le médecin et le client de s'agenouiller.

La prière faite, l'abbé Rivet s'asseoit ; le docteur l'ausculte avec le plus grand soin, puis toujours du même ton raide et saccadé : « Vous pouvez accepter l'épiscopat, je vous garantis six ans d'existence. »

Dieu, cependant, fut plus généreux que le docteur : aux six années promises, il en surajouta libéralement quarante autres. Rassuré par cette décision prise sous l'inspiration et le regard de Dieu, l'abbé Rivet se soumit et reçut la consécration épiscopale le 21 octobre 1838.

Quant au bon docteur, fidèle à ses principes religieux, il continua d'édifier tous ceux qui l'ont approché jusqu'à sa mort, arrivée en 1852.

Il s'était efforcé surtout d'inculquer à ses élèves les principes spiritualistes qu'on perd si facilement en se livrant aux études médicales.

ROYER-COLLARD

DOYEN DE LA FACULTÉ DES LETTRES, DÉPUTÉ
MEMBRE DE L'ACADÉMIE FRANÇAISE

(1703-1845)

> « Soyez chrétien, ce n'est pas assez,
> soyez catholique. Il n'y a de solide dans
> le monde que les idées religieuses ; ne
> les abandonnez jamais, ou si vous les
> abandonnez, rentrez-y. »
>
> (ROYER-COLLARD.)

On lira avec édification les détails contenus dans
ces quelques pages sur les dernières années de Royer-
Collard, qui exerça une si grande influence parmi ses
contemporains, et n'attendit pas l'heure suprême pour
recevoir les sacrements, sans ostentation et sans respect
humain.

« Pierre-Paul Royer-Collard, dit le P. Huguet, né
en 1763, près de Vitry-le-Français, était avocat au
parlement de Paris quand éclata la grande révolution.
En 1792 il fut secrétaire de la Commune de Paris, et
en 1793 député au conseil des Cinq-Cents, d'où on
l'expulsa parce qu'il voulait une révolution sans violence. Il agit secrètement en faveur de la royauté,
puis se retira pour se renfermer dans une studieuse
retraite. En 1811, il était nommé professeur d'histoire

et de philosophie moderne à la Faculté des lettres de Paris, dont il devint doyen.

« Il siégea à la Chambre des députés de 1815 jusqu'en 1842. Il était entré en 1827 à l'Académie française et mourut en 1845.

« Tout le monde, continue son biographe, sait comment M. Royer-Collard a vécu; on ne sait pas assez comment il a fini. On connaît le métaphysicien et le publiciste, on ne connaît pas assez le chrétien qui s'endort dans la croyance de ses pères, et qui veut être enterré dans un cimetière de village au milieu des pauvres, au pied même de la croix. Il n'est donc pas sans intérêt d'apprendre qu'un homme dont le nom a fait longtemps autorité, qui a pris une part si grande aux affaires de son temps, qui a eu même le malheur de prêter quelquefois des arguments aux ennemis de l'Église, a voulu, plusieurs années avant sa mort, se réconcilier entièrement avec elle et se montrer un ferme croyant. »

Voici les pages consacrées à son ami par M. de Barante dans sa *Vie politique de Royer-Collard :*

« Pendant les dernières années de la vie de M. Royer-Collard, d'autres pensées avaient pris une plus grande place dans ses méditations et fermentaient dans son âme. Il avait toujours eu plus que du respect pour la religion, où il avait été élevé au milieu des traditions et des exemples d'une famille pieuse et fervente. Il avait voulu que ses filles fussent élevées dans la connaissance la plus profonde et la pratique la plus austère des devoirs religieux. Il était exact aux offices de l'église, mais il semblait que sa religion consistât seulement dans l'accomplissement des devoirs moraux, dans la rectitude de ses intentions, dans l'instinct d'une bonne conscience... De ce moment un travail intérieur se fit dans son âme et le rapprocha de jour en jour davantage d'une obéissance complète aux commandements les plus essentiels de la religion. Ne manquant pas de foi, il ne voulut pas manquer d'obéissance.

« M. Royer-Collard ne parlait de ce qui se passait dans son âme à aucun de ses amis ; ce n'était point pour lui un sujet de conversation, mais de méditations intérieures. Il était plus expansif dans ses communications avec le plus ancien compagnon de sa vie, M. Becquey, qui, avec un autre caractère, une autre disposition d'esprit, se sentait aussi disposé à passer les dernières années de sa vie dans le calme et la résignation qui rassurent contre les approches de la mort. »

Une lettre qu'il lui écrivait quatre ans avant sa mort, témoigne de ce qui se passait alors dans sa conscience. Il faut savoir que M. Royer-Collard et M. Becquey avaient tous deux choisi pour confesseur le vénérable abbé de Barante, de Saint-Sulpice.

« Quand j'ai reçu votre lettre, je descendais mon escalier pour aller rue Cassette. Vous savez comment on y est reçu. J'y suis retourné avant-hier, et dans ce second entretien, tout s'est accompli de part et d'autre. J'ai été sincère, je n'ai rien retenu, rien déguisé, rien accommodé à ma vanité. Je ne triomphe pas, je n'en ai pas sujet ; mais j'en éprouve une véritable satisfaction. J'ai fait tout ce qui dépend de

moi; je suis rentré dans l'ordre, et je suis résolu
à n'en plus sortir. »

Deux mois après, le 29 septembre, M. Royer-
Collard écrivait, en réponse à une lettre de M. Becquey :

« Je comprends bien, mon cher ami, que vous ne
soyez pas content de vous, car je ne suis pas content
de moi. Nous avons été trop loin et trop longtemps
dans la mauvaise voie pour rentrer amoureusement
dans la bonne. Toutefois, je prends confiance dans
la résolution que nous avons prise, et dans laquelle
nous persisterons, de vivre dans l'ordre, soumis,
repentants, reconnaissants, et renvoyant l'irréparable
à la miséricorde. »

En 1844, il fut très malade ; l'année suivante, le
mal devint plus grave. Prévoyant sa fin prochaine, il
s'y prépara et voulut mourir sans trouble, sans bruit,
dans la retraite. Avant de partir pour Châteauvieux,
il se confessa une dernière fois. Les habitants du
village et les voisins, prévenus de son arrivée, l'at-
tendaient en foule : « Je veux mourir au milieu de
vous, » leur dit-il. Puis il demanda à rester seul avec
le curé : « Je viens mourir ici, lui disait-il, j'ai pris
mes précautions avant de partir, mis ma conscience
en bon ordre. J'aime mieux être enterré dans le cimetière de Châteauvieux que dans un cimetière de Paris,
où je serais conduit avec un convoi pompeux. D'ailleurs ce n'est pas mon affaire de me faire enterrer;
mon affaire est de bien mourir, et je compte sur vous

pour m'y aider. » Dès le lendemain, des symptômes
alarmants se manifestèrent.

M. Andral[1] monta dans la chambre du malade :
« Monsieur, lui dit M. Royer-Collard, je vais mourir
et je tâche de m'y préparer. Je veux être administré
et recevoir le saint viatique, pendant que Dieu me
laisse encore la liberté de ma pensée et la complète
disposition de moi-même. Les traditions de ma famille
m'ont appris que l'esprit de la religion est de ne pas
attendre la dernière heure, mais de s'y préparer aussitôt que le danger se montre. Que la volonté de Dieu
s'accomplisse ! »

Le surlendemain, Royer-Collard reçut les sacrements ; son petit-fils, Paul Andral, assistait à cette
cérémonie. Il accomplit ce dernier devoir avec un
grand sentiment de piété, répondant lui-même à toutes
les prières, ainsi que son petit-fils, à qui il donna sa
bénédiction : « Soyez chrétien, lui dit-il ; ce n'est pas
assez, soyez catholique. Il n'y a de solide dans ce
monde que les idées religieuses ; ne les abandonnez
jamais, ou si vous en sortez, rentrez-y. »

Il demanda au curé de réciter les prières des ago-
nisants : « Il ne faut pas, dit-il, attendre trop tard
pour méditer ces belles prières. Je veux les repasser
sans cesse en moi-même et m'en pénétrer. »

Cependant les forces déclinaient avec rapidité. Le
malade gardait toujours la pleine possession de lui-
même... Ses souffrances étaient affreuses ; il les sup-
portait avec une patience admirable, sans laisser
échapper une plainte. Et comme le curé demandait

---

[1] Son petit-fils.

à Dieu le soulagement de ses douleurs, il lui dit :
« Monsieur le curé, priez Dieu de m'accorder la force
de supporter mes souffrances avec patience. » Le curé
lui demanda de donner une bénédiction à tous les
gens de la maison agenouillés : « Ce n'est pas à moi
de donner une bénédiction ; c'est moi qui demande
la bénédiction de Dieu. »

Un crucifix qui avait appartenu à sa mère lui fut
présenté par le curé, qui le posa sur ses lèvres ; peu de
moments après, la respiration s'éteignit paisiblement :
les douleurs de la vie avaient cessé.

« Nous ne nous chargerons pas, dit le P. Huguet,
de justifier toutes les idées politiques de M. Royer-
Collard ; elles se ressentent de l'époque et du milieu
où il a vécu. Malgré cela, ses discours sont remplis
de belles pensées, dignes de ce génie grave et élevé. »

Un jour, à un médecin qui annonçait des idées
matérialistes, il dit : « Prenez garde de n'être qu'un
vétérinaire. »

Ce mot était juste. Dans la théorie des positivistes,
la Faculté de médecine n'est qu'une annexe de l'école
vétérinaire d'Alfort.

A propos de la Révolution de 93 : « Les crimes de
la Révolution n'étaient pas nécessaires. Ils ont été
l'obstacle, non le moyen. »

Royer-Collard avait bien compris le caractère de ce
xixᵉ siècle, lorsqu'il disait : « Notre siècle a perdu deux
choses : il a perdu dans l'ordre intellectuel l'attention,
dans l'ordre moral le respect. »

« Les sociétés humaines naissent, vivent, meurent
sur la terre. Mais elles ne contiennent pas l'homme

tout entier. Il lui reste la plus noble partie de lui-
même, ces hautes facultés par lesquelles il s'élève à
Dieu, à une vie future, à des biens inconnus dans un
monde invisible. Ce sont les croyances religieuses,
grandeur de l'homme, charme de la faiblesse et du
malheur, recours inviolable contre les tyrannies d'ici-
bas. »

Sur la religion : « La religion est en elle-même et
par elle-même. Elle est la vérité sur laquelle les lois
ne décident point. La religion n'a d'humain que ses
ministres, faibles hommes comme nous, sujets aux
mêmes passions, organes mortels et corruptibles de
la vérité incorruptible et mortelle.

« Nous avons traversé des temps criminels; nous
n'avions pas cherché la règle de nos actions dans la
loi, mais dans nos consciences. Nous avons obéi à
Dieu plutôt qu'aux hommes. »

Sur le rôle du gouvernement : « Le gouvernement,
au lieu d'exciter l'énergie commune, relègue tristement
chacun au fond de sa faiblesse individuelle. Nos pères
n'ont pas connu cette profonde humiliation. Ils n'ont
pas vu la corruption placée dans le droit public et
donnée en spectacle à la jeunesse étonnée comme la
leçon de l'âge mûr. »

SAINT-ARNAUD

MINISTRE, MARÉCHAL DE FRANCE

(1798-1854)

> « Je sens chaque jour davantage
> les bienfaits de la religion. »
> (DE SAINT-ARNAUD.)

« Dieu a pris une grande victime, écrivait à la date
du 11 octobre 1854 Louis Veuillot, le héros de la prodigieuse campagne de Crimée vient de mourir. »

Leroy de Saint-Arnaud entra au service dans les
gardes-du-corps en 1815. Après une campagne en
Grèce comme volontaire, il retourna dans l'armée
française, et gagna en Afrique le grade de colonel,
puis de maréchal de camp. Nommé général de division en 1851, après deux brillantes expéditions contre
les Kabyles, il fut appelé au ministère de la guerre,
et signala son administration par plusieurs améliora-
tions dans différents services.

Maréchal de France en 1852, il eut en 1854 le
commandement de l'armée d'Orient, qu'il conduisit
en Crimée, et gagna la fameuse bataille de l'Alma.
Mais il succomba aux fatigues de la guerre.

De Saint-Arnaud ne fut pas toujours religieux;
mais Dieu avait placé près de lui un ange de piété, sa

fille, qui parvint, à force de sacrifices et de prières, et aussi de prévenances et de tendresse, à gagner son âme à Dieu.

Le maréchal souffrait de douleurs d'entrailles qui dataient de ses campagnes d'Afrique; ses souffrances l'aigrissaient au lieu de le dompter. La chère enfant ressentait une cruelle douleur de le voir sans la foi et sans mérites. Elle avait tant prié et fait prier pour lui qu'elle espérait toujours sa conversion.

Un jour elle jugea le moment favorable :

« Mon père chéri, dit-elle, tu pourrais me rendre heureuse.

— Comment cela, ma fille?

— Je te l'ai déjà dit une fois ; tu m'avais presque promis, et tu l'as oublié.

— Dis, ma Louise, que ne ferais-je pas pour toi ?

— Eh bien ! si tu voulais te confesser? »

Le maréchal sourit d'abord, puis ajouta :

« Mais je n'ai rien fait de mal, je n'ai ni tué ni volé.

« — Comment, mon père, tu ne fais rien de mal ! Et tes colères, et tes emportements, tu jures comme un païen, et bien d'autres choses que tu sais mieux que moi, comptes-tu cela pour rien?

— Mais, ma fille, tu serais donc bien contente?

— Non seulement contente, mais heureuse.

— Eh bien ! si je puis faire ainsi ton bonheur, j'irai demain me confesser, foi de maréchal de France, je te le jure sur mon bâton. »

Le lendemain, en effet, il allait se confesser et il revenait en disant :

« Eh bien! j'ai fait ce que tu m'as demandé, mon petit ange, es-tu contente?

— Moi, je suis heureuse, bien heureuse. »

Tel est l'empire que la piété unie à la tendresse peut exercer sur le cœur d'un vieux guerrier.

Toutefois ce ne fut qu'un peu plus tard que le maréchal finit sa confession et fit ses pâques à Hyères, dans un moment où sa maladie avait empiré. Il guérit cependant, et, rendu aux affaires publiques, il ne négligea plus ses devoirs de chrétien.

Nous empruntons à la *Vie du R. P. de Ravignan* les détails suivants, qui compléteront l'histoire touchante de la conversion du maréchal de Saint-Arnaud.

« Le P. de Ravignan revenait de Rome chargé d'un riche présent pour un guerrier qui, l'année suivante, devait aller mourir sur le sol ennemi, le lendemain d'une victoire. C'était un précieux camée envoyé par le souverain pontife au maréchal de Saint-Arnaud. Depuis quelques mois déjà des rapports intimes s'étaient établis entre le jésuite et le futur général de l'armée d'Orient.

« Nature chevaleresque, longtemps aventureuse et emportée, le maréchal avait couru à travers mille hasards, par des rêves ambitieux de fortune; et, quand il eut atteint son idéal de gloire, son cœur ne fut pas rempli, et il s'aperçut que toutes les grandeurs d'ici-bas n'étaient qu'une chimère. Ministre de la guerre, accablé d'affaires et de soucis; dévoré intérieurement par une maladie pleine de douleurs et d'angoisses, il se tourna un jour vers Celui qui

Bataille de l'Alma.

promet une vie meilleure et qui a dit : « Venez à moi,
« vous tous qui travaillez et qui êtes chargés, et je
« vous soulagerai. »

« Le maréchal était l'homme du monde le moins
capable ou de montrer du christianisme par hypo-
crisie, ou de cacher sa foi par un respect humain. Il
croyait tout haut. Quand le P. de Ravignan allait dans
son cabinet de ministre, et quand celui-ci venait
dans la cellule du religieux, c'était à ciel ouvert, et,
je puis le dire, le noble guerrier se confessait devant
toute l'armée et devant toute la cour.

« On le sait, d'ailleurs, toutes les natures sont
faites pour la religion et ne sont achevées que par
elle. Avec ce divin correctif, l'homme devient complet ; il est toujours lui-même sans doute, mais il est
meilleur. Le religieux aima dans cette âme enfin
subjuguée une probité rare, une franchise un peu
brusque, une indomptable énergie.

« Une correspondance fréquente commencée au
ministère de la guerre et terminée au quartier général, sous les murs de Sébastopol, a laissé transpirer
quelque chose des communications intimes entre le
confesseur et l'illustre pénitent.

« ... Je trouve une série de billets datés des grandes
époques chrétiennes de l'armée. Ici je lis : « C'est
« demain Noël, et les lourdes affaires de ce monde
« ne me font pas oublier mes devoirs envers Dieu. »
Ailleurs : « Malgré tout mon désir de vous voir, je
« n'ai pas voulu aller troubler vos méditations. Mais
« je veux vous rappeler que vous avez bien voulu
« me permettre de m'entendre dimanche, jour de la
« Pentecôte. »

Le maréchal arrivait à la minute, se confessait dans la chambre du P. de Ravignan et se rendait à la chapelle de la maison, où il entendait la messe et communiait.

Voici un de ses épanchements de cœur : « Ma résolution n'a pas faibli. Je sens chaque jour davantage les bienfaits de la religion ; mon âme s'élève vers Dieu pour le remercier de la grâce infinie qu'il m'a faite. Mais, dans ce torrent où je vis, au milieu des affaires, des exigences du monde, je n'ai pas assez de temps à donner à la méditation et aux lectures sérieuses. J'aurai bien besoin, mon père, de votre indulgence et de la miséricorde de Dieu. »

Durant les préparatifs de la guerre d'Orient, il avait répondu au père jésuite, qui s'inquiétait de l'organisation du service religieux dans l'armée expéditionnaire : « Comment avez-vous pu penser un instant que je négligerais d'entourer les braves soldats de l'armée d'Orient de tous les soins et de toutes les consolations de la religion ? Je m'efforce de moraliser nos soldats, de faire pénétrer dans leurs cœurs les bons sentiments. Des soldats religieux seraient les premiers soldats du monde. »

Enfin l'heure de la guerre a sonné ; le maréchal saura bien trouver le temps de penser à Dieu et d'écrire à son guide dans les voies du ciel.

Il lui disait dans une lettre datée du 5 avril 1854 :

« Je pars lundi, et je ne veux pas quitter Paris et la France sans jouir encore une fois de vos conseils, sans vous demander vos prières. J'ai bien besoin que vous m'aidiez près de Dieu pour obtenir son aide dans la grande entreprise dont il a permis que je sois chargé et que lui seul peut mener à bien. Sans l'aide de Dieu on ne fait rien, et je mets ma confiance dans sa miséricorde et dans la protection qu'il accorde à la France. Je compte, avant mon départ, vous demander une heure et remplir mes devoirs de chrétien. »

Le 20 juin, il écrit de Constantinople : « Du 10 au 15 je marcherai sur les Russes. Priez Dieu, mon père, qu'il soit favorable à nos armes. Je mets ma foi en lui, et j'invoque son appui, sans lequel il n'y a rien de possible. Il m'a déjà donné une grande preuve de sa bonté en me rendant la santé; aujourd'hui, il faut qu'il protège la France, et je le prie chaque jour pour cela. Adieu, je me recommande à vos prières. »

« ... Le maréchal, recélant déjà dans son sein de poignantes et mortelles douleurs, marchait sur les Russes, les culbutait, et le lendemain il passait du champ de bataille sur son lit pour mourir en chrétien[1]. Et n'avait-il pas assez vécu? La religion et la gloire l'assistèrent à l'heure suprême. La mer Noire, témoin naguère d'un tout autre appareil, vit un vaisseau rapporter la dépouille du vainqueur de l'Alma, et la patrie se mit à préparer un triomphe funèbre. »

Et Louis Veuillot ajoutait dans l'*Univers :* « C'est assez pour la gloire humaine... Mais son âme était plus grande et ses désirs plus hauts, et en le retirant

---

[1] Saint-Arnaud était déjà malade du choléra le jour de la bataille, ce qui ne l'empêcha pas de rester douze heures à cheval.

pour quelques heures des soucis du commandement
et du bruit des armes, la Providence lui a donné ce
que, sans doute, il lui demandait : le temps d'humi-
lier son cœur. Ce grand général était un humble et
fervent chrétien.

« Que pourrions-nous ajouter qui fût digne de nos
respects, de notre admiration, de nos regrets, de nos
espérances? Il n'est plus, mais il a servi son pays et
honoré son Dieu ; ses œuvres lui ouvrent la porte de
l'histoire, et sa foi celle de l'éternité. »

SALIGNAC-FÉNELON (DE)

GÉNÉRAL DE DIVISION

(1808-1879)

« Mort comme un saint. »
(L'ARCHEVÊQUE DE TOULOUSE.)

Le commandant du dix-septième corps d'armée à Toulouse, le général de Salignac-Fénelon, a été enlevé à la patrie et à la religion en 1879. C'était un ardent soutien pour les œuvres catholiques.

Le général aimait les œuvres ouvrières, car il comprenait que c'est un des moyens de régénérer la société actuelle, et les encourageait dans les diverses villes où il a commandé.

Ce descendant d'une famille illustrée par le Cygne de Cambrai ne pouvait se laisser séduire par l'incrédulité ou l'indifférence moderne. Tout le monde connaissait ses sentiments religieux. Il les manifestait surtout chaque année en faisant dresser un reposoir splendide dans la cour d'honneur de son palais, pour les processions du Saint-Sacrement; et les habitués de la messe de huit heures n'oublieront jamais l'édi-

fication qu'il donnait tous les dimanches, suivant
pieusement l'office, un petit livre à la main :

« Ce livre, je l'ai depuis quarante ans, disait un
jour le général à l'aumônier, je l'ai fait relier plusieurs fois. C'est une *Imitation de Jésus-Christ* qui
appartenait à ma mère. »

Il avait parfois à rédiger, dit le même aumônier,
des proclamations ou ordres généraux, ou à prononcer des allocutions. Il le faisait avec une distinction rare; presque toujours il savait y faire intervenir
une idée élevée, et le plus souvent Celui qui est la
source de toute autorité.

En vrai chrétien, à l'assistance à la messe du
dimanche, le brave général joignait la pratique de la
prière de chaque jour. Il la faisait avec une régularité et dans une tenue toute militaire.

Une fois, il l'omit par oubli, et s'en apercevant
lorsqu'il était déjà au lit, il sonne son ordonnance :

« Apporte-moi mon uniforme, dit-il, j'ai oublié
ma prière. »

Et, se mettant à genoux, il commença : *Notre Père,
qui êtes aux cieux.*

Telle était sa foi, tel était son respect pour la
majesté divine, qu'il ne voulait point parler à Dieu
autrement que dans la tenue complète qu'un soldat
porte vis-à-vis de ses chefs. Il faisait sa prière comme
on accomplit un service d'honneur.

Cette fidélité au devoir religieux soutenait son exactitude aux devoirs militaires et préparait, dans les
épreuves de sa vie, le courage en face de la mort,
l'espérance de l'éternité :

« Bientôt nous nous reverrons, » disait quelques

semaines avant sa mort le regretté général sur la
tombe de son aide de camp, le général Baudouin.

Il se sentait en réalité atteint d'une maladie mortelle, mais il ne voulait pas avoir l'air de déserter
au jour de la crise, et tenait à assister au comité de
classement dans un sentiment de justice, afin que ses
officiers ne fussent point oubliés. Ce devoir lui faisait
négliger sa santé déjà si mauvaise.

Cette âme si droite, si loyale, si dévouée à son
pays, à sa famille et à son Dieu, allait recevoir
bientôt sa récompense.

Dans la soirée du 15 décembre, le mal se déclara
avec violence. La nuit fut terrible, et, dès le matin,
le malade, sentant ses forces défaillir, exigea de son
médecin la vérité sur son état.

« Général, dit avec hésitation le docteur, vous avez
du courage ?

— Oui, je n'ai pas peur.

— Eh bien ! tout est fini pour vous.

— Mourrai-je aujourd'hui ?

— Oui, général.

— Bientôt ?

— Peut-être ce soir. Je vous avais défendu de
sortir samedi.

— C'était mon devoir, je le devais.

— Alors vous mourrez martyr de votre devoir. »

Aussitôt le général demanda l'archiprêtre de Saint-
Étienne, se confessa et communia, fit le sacrifice
de sa vie à Dieu et demanda l'extrême-onction.
Alors commença, entre la mort et lui, cette lutte

6*

si belle pour le chrétien qui possède son Dieu dans son cœur.

Rien ne saurait rendre le calme, la patience, l'oubli de soi-même de ce vaillant soldat, dont le regret était de ne pas mourir sur le champ de bataille. Croisant les mains au milieu de souffrances atroces, il s'écria :

« Mon Dieu, sauvez la France; pauvre Alsace, pauvre Lorraine ! Mon Dieu, pardonnez-moi mes péchés ! »

A sa femme qui voulait lui faire espérer que les prières dites de tous côtés pour lui obtiendraient sa guérison : « Non, non, j'ai fait mon sacrifice. » Se tournant ensuite vers son aide de camp, il le remercia avec émotion de ses bons services d'ami.

Mgr l'archevêque vint bénir ce grand chrétien qui s'en allait au ciel. Dieu vint au secours du regretté malade : il rendit le dernier soupir fortifié par l'indulgence plénière, et portant à son cou les médailles du Sacré-Cœur et de la sainte Vierge qui ne le quittaient jamais.

A ses obsèques, après avoir retracé l'illustration des ancêtres de la famille des Salignac-Fénelon, Mgr l'archevêque de Toulouse ajouta :

« En faisant apparaître ici les grandes figures des ancêtres, c'est notre général que nous entendons louer. Averti que les descendants des hommes illustres et vertueux ont contracté envers la patrie et envers eux-mêmes des obligations plus sacrées, il s'est appliqué à les remplir. Il a donc imprimé à sa vie comme un cachet de famille, car il n'a pas eu à sortir de sa maison pour apprendre le métier plus rude

quelquefois de solide chrétien... Ce nom est également cher à la religion et à la patrie, car il résume
leurs gloires les plus pures... Il est mort comme un
saint, après avoir reçu tous les sacrements[1]. »

[1] Ceci nous rappelle qu'un membre de sa famille, son fils peut-être,
faisant la composition écrite pour le baccalauréat, avait placé sur son
bureau une statuette de Notre-Seigneur et une de la sainte Vierge; la
plupart des camarades riaient et se moquaient. Mais les rires ne furent
pas de longue durée. A l'examen, le pieux jeune homme fut reçu avec
mention honorable, et la plupart des moqueurs restèrent sur le carreau.

THIERRY (Augustin)

HISTORIEN, MEMBRE DE L'ACADÉMIE DES INSCRIPTIONS

(1795-1856)

> « Quelques personnes ne comprennent pas
> d'où viennent ces brusques retours à l'Église
> catholique. Cela est très simple, c'est que *le
> catholicisme est la vérité.* »
>
> (Augustin Thierry.)

Augustin Thierry, célèbre historien, né à Blois
d'une famille pauvre, sentit s'éveiller son goût pour
l'histoire dans la lecture des *Martyrs* de Chateaubriand. Il entre à l'École normale en 1811, et se
lie bientôt avec Saint-Simon, dont il partagea les
idées et dont il fut secrétaire jusqu'en 1817. Il collabora à plusieurs journaux, et, après cinq années de
recherches dans les bibliothèques, écrivit : l'*Histoire
de la conquête de l'Angleterre par les Normands,*
et plus tard ses *Récits des temps mérovingiens,*
pour lesquels l'Académie lui décerna le grand prix
Gobert.

Il était entré à l'Académie des Inscriptions en 1829.

Malgré des souffrances croissantes, et bien qu'aveugle
et paralysé, il fit encore paraître des *Essais sur le
Tiers état.*

Dieu frappait son corps pour guérir son esprit. Il en avait besoin. Augustin Thierry était jusque-là imbu de préventions contre l'Église catholique, et il avait eu le malheur de les répandre dans ses ouvrages; mais, dans les dernières années de sa vie, l'étude,

Augustin Thierry.

la réflexion et les épreuves, unies à la grâce divine, le ramenèrent à d'autres sentiments.

Ce fait, si instructif et si consolant pour les catholiques, nous a été révélé par le vénérable curé de Saint-Sulpice, M. Hamon, aux funérailles du célèbre historien.

« Au milieu des pompeux éloges qui retentissent de toutes parts à la gloire de M. Augustin Thierry,

la religion a aussi son mot à dire dans cette lugubre
cérémonie. Plus d'une fois l'illustre défunt a bien
voulu épancher son cœur dans le mien, et je dois
à sa mémoire de révéler ces communications intimes
dont il m'a fait le confident, parce qu'elles l'honorent
plus que tous les éloges. Dès notre première entrevue, il tint à me faire sa profession de foi ; je me la
rappelle encore avec bonheur.

« — L'office de la raison, me dit-il, est de nous
« démontrer que Dieu a parlé aux hommes par Jésus-
« Christ, et une fois ce grand fait démontré par l'his-
« toire, la raison n'a plus le droit de discuter : son
« devoir est d'apprendre, par l'Évangile et par l'Église,
« ce que Dieu a dit et de le croire ; c'est le plus noble
« usage que l'homme puisse faire de ses facultés. »

« Et cette déclaration de principes, si claire et si
catholique, M. Thierry ne la dissimulait à personne.
Un jour, un homme qui se croyait habile en histoire
se permit de dire en sa présence que la papauté était
une institution humaine, qui remontait au iv° siècle :
« Vous vous trompez, reprit aussitôt le célèbre his-
« torien, la papauté remonte jusqu'à saint Pierre, et
« par saint Pierre à Jésus-Christ, le divin fondateur
« de l'Église. »

« Plusieurs fois je lui parlai de ses ouvrages avec
cette liberté qu'autorisait la douceur de son commerce :
« J'y ai mêlé des erreurs, me dit-il ; on m'a fait peine
« en imputant à une hostilité malveillante pour la
« religion ce qui n'était que l'effet de mon ignorance ;
« mais je veux employer ce qui me reste de vie à les
« corriger. »

« Nobles paroles, Messieurs, qui sont à elles seules

un magnifique éloge. M. Thierry n'était pas de ces petits esprits infatués d'eux-mêmes et de la renommée, qui croiraient descendre en disant : Je me suis trompé. Il comprenait que la vérité a des droits imprescriptibles, supérieurs à tous les misérables intérêts de l'amour-propre, et que l'homme n'est jamais plus grand que quand il est dans le vrai, ou quand il a le courage d'y rentrer après en être sorti. »

Un jour il reçoit de la province un livre intitulé : *Erreurs de M. Augustin Thierry;* il se le fait lire, il est ravi et il écrit à l'auteur, un de ces ecclésiastiques qui, dans un presbytère de campagne, savent être des hommes érudits, une lettre de remerciements et de félicitations : de remerciements pour le bienfait de la vérité, et de félicitations pour le remarquable mérite de celui qui l'a censuré.

« Ravi moi-même de si nobles sentiments, j'allai à mon tour féliciter et remercier avec effusion l'homme éminent qui donnait au monde un si bel exemple :
« Ma lettre vous étonne, me répondit-il; Dieu souffre
« bien qu'on censure ses ouvrages qui sont parfaits,
« pourquoi ne souffrirais-je pas bien qu'on censure
« les miens qui sont défectueux ? »

« A la suite de ces communications si consolantes pour le cœur d'un prêtre, je proposai à M. Augustin Thierry de tirer les conséquences de ses croyances, de passer de la foi à la pratique, et d'honorer ses cheveux blancs par l'accomplissement courageux de tous les devoirs que la religion impose.

« — Je vous comprends, me répondit-il; déjà je

« suis membre des conférences de Saint-Vincent de
« Paul, je viens en aide aux malheureux qui m'im-
« plorent; mais je sens que Dieu me demande autre
« chose, qu'il me faut me réconcilier avec lui par les
« sacrements. Eh bien! je vous le promets, je me
« confesserai et communierai. »

« Et voilà qu'à ma grande surprise il récite, avec
un accent de foi que je n'oublierai jamais, les paroles
que l'Église adresse à Jésus-Christ dans l'Eucharistie:
*Adoro te, supplex, latens Deitas, quæ sub his figu-
ris vere latitas; tibi se cor meum totum subjicit, quia
te contemplans totum deficit.*

« Malheureusement, le mal survenant comme un
coup de foudre a arrêté ce noble dessein d'une si belle
intelligence, et nous n'avons pu lui administrer les
sacrements qu'avec une douloureuse incertitude s'il
avait la conscience de nos paroles et de notre ministère; mais il n'en demeure pas moins certain que
M. Augustin Thierry croyait à nos mystères, au pré-
cepte divin de la confession et à la nécessité de se
réconcilier avec Dieu par les sacrements. »

Pour compléter ces renseignements, nous avons
une lettre de M. Gratry à l'archevêque de Paris sur
les derniers moments de M. Augustin Thierry. Elle
est datée du 26 juin 1856 :

« Vous connaissez, Monseigneur, les dispositions
de M. Augustin Thierry, et j'avais eu l'honneur de
vous rapporter cette parole : « Je suis un rationaliste
« fatigué, je veux entrer dans le sein de l'Église, à
« l'autorité de laquelle je me soumets. » Peu de jours
après, en présence de M. le curé de Saint-Sulpice et
de deux autres personnes, M. Augustin Thierry, me

prenant la main, nous dit d'un ton à la fois ému et souriant : « Monsieur le curé, je vous prends à témoin « qu'aujourd'hui j'institue et installe monsieur l'abbé « comme mon directeur de conscience. C'est lui main- « tenant qui répondra de moi. »

« Profondément touché de ces paroles, j'eus avec M. Augustin Thierry de fréquents entretiens, qui m'ont révélé la beauté de cette âme. Dans les der- niers temps surtout, je voyais croître son zèle pour la vérité, son entière soumission pour l'Église et son désir continuel et empressé de terminer la correc- tion de ses ouvrages. Malheureusement il finit par y apporter une sorte de précipitation violente, qui paraît avoir été, en grande partie, cause de sa mort.

« Voici, du reste, Monseigneur, le résumé du dernier entretien que j'ai eu avec M. Augustin Thierry. C'était huit jours avant sa mort.

« Il n'y avait chez lui que la princesse B... et moi. Il parla presque seul pendant une demi-heure avec une fermeté, une précision et une animation extraor- dinaires : « Quelques personnes, disait-il, ne com- « prennent pas ce qui se passe, ni d'où viennent ces « nombreux retours à l'Église catholique, malgré tant « d'objections et de difficultés. Cela est très simple : « c'est que le catholicisme est là vérité. C'est la vraie « religion du genre humain. Les objections préten- « dues philosophiques ne sont point philosophiques; « au contraire, toute la vraie philosophie de tous les « temps et de tous les lieux se trouve dans la doctrine « catholique. Toute la vérité s'y concentre, et l'on « est dans le faux à mesure qu'on s'en éloigne. C'est

« pourquoi le luthéranisme vaut moins que l'angli-
« canisme, le calvinisme moins que le luthéranisme,
« l'unitarisme moins que le calvinisme, et ainsi de
« suite... D'aucun côté je ne vois aucune bonne raison
« contre la religion catholique. On a tort d'hésiter, il
« faut en arriver là. La véritable philosophie, la vraie
« sagesse y conduiront de plus en plus. »

« Trois jours après cet entretien, M. Augustin.
Thierry fut pris de ce subit engourdissement dans
lequel il s'est endormi. C'est dans cet état que je le
trouvai. Il n'avait plus qu'une vague connaissance
de ce qui se passait autour de lui. Pendant une
grande partie de la journée je restai près du malade
et de son digne frère, M. Amédée Thierry... Le père
Pételot resta seul avec M. Thierry, et, pendant que
nous étions en prière dans la chambre voisine, il lui
suggéra les actes de foi, de contrition, d'espérance
et d'amour de Dieu, puis lui donna l'absolution.
Ensuite, M. le curé de Saint-Sulpice vint lui administrer l'extrême-onction. Très agité avant la venue
du curé, le malade parut très calme pendant toute
la cérémonie. Il n'est mort que le surlendemain,
22 mai. Grâce à Dieu, l'homme excellent que nous
regrettons est mort visiblement dans le sein de l'Église
catholique. »

« Parti de l'incrédulité, comme il le dit lui-même,
l'étude sincère des hommes et de l'histoire lui avait
appris que l'incrédulité n'explique pas le monde, et
que la force vive qui mène le genre humain c'est la
religion. La religion, l'histoire le lui montrait encore,
ne pouvait être que le christianisme. Mais son esprit

s'élevant de plus en plus, par degré, de l'erreur à la
vérité, crut voir d'abord dans le protestantisme la
pure doctrine de l'Évangile. C'est alors qu'il chercha
la lumière à Genève :

« En ce temps, ce sont ses propres expressions, je
« ne me doutais pas de l'histoire de l'Église. Lorsque
« j'y eus jeté les yeux, je vis clairement que le pro-
« testantisme ne pouvait être la religion fondée par
« Jésus-Christ. Le protestantisme et l'histoire sont
« incompatibles. Le système protestant a été forcé
« de construire, à son usage, une histoire fictive. Je
« m'étonne qu'on se maintienne encore sur ce ter-
« rain. Comment ne voit-on pas que le catholicisme
« se retrouve tout entier dans les quatre premiers
« siècles? »

« Un autre jour, et tout récemment, il disait à un
des pères de l'Oratoire, M. Perraud :

« On soutient parfois, et c'est un préjugé que j'ai
« longtemps partagé, que la doctrine de l'Église est
« formée de pièces et de morceaux. Comme cela est
« faux! Quelle admirable unité! Comme l'examen des
« faits renverse cette erreur! »

« C'est ainsi que cette intelligence droite et forte
déchirait peu à peu la ceinture de ténèbres que son
siècle lui avait faite. Mais Dieu lui réservait d'autres
épreuves, qui devaient encore développer la force et
la beauté de son âme. Dieu a voulu, pendant trente
ans, envelopper cette lumineuse intelligence dans les
ténèbres matérielles, et cette énergique volonté dans
un corps sans mouvement. Et l'âme, dans cette prison,
sous cette chaîne, a continué son travail et sa persé-
vérante recherche de Dieu et de la vérité. Quel exemple

pour tous les esprits et toutes les âmes à qui le corps est un obstacle! Absolument aveugle, entièrement paralysé, au lieu de s'abandonner et de s'engourdir, il veillait, méditait, écoutait et dictait, avec quel éclat et quelle verve! Il réglait et disciplinait sa vie sous l'inflexible exactitude d'une règle presque religieuse. Ainsi, entre autres détails, tous les dimanches, à heure fixe, un des pères de l'Oratoire venait lui lire l'office du jour, ce à quoi il tenait singulièrement.

« Par tant d'efforts et par la grâce de Dieu cette âme profonde, énergique et sensible, avançait toujours et parvenait enfin, non plus seulement à l'affirmation théorique de la vérité générale de nos dogmes, mais à la volonté formelle de se soumettre à l'autorité de l'Église, mais à la ferme résolution de vivre de sa vie et de ses sacrements, et d'effacer dans ses écrits tout ce qui pouvait être contraire à la foi de l'Église et au respect qui lui est dû.

« Ceci du reste, Monseigneur, est conforme à ce qu'il vous a écrit lui-même, comme vous avez bien voulu me l'apprendre :

« Je veux, me disait-il, corriger tout ce que j'ai pu,
« quoique de bien bonne foi, écrire contre la vérité
« dans tous les sens. Je demande à Dieu tous les jours,
« toutes les nuits, de me donner le temps d'achever
« ce travail, car il me semble qu'en ceci je travaille
« pour Dieu. Oui, je me soutiens et m'encourage
« parfois dans ma fatigue et mes insomnies par cette
« pensée : Je suis un ouvrier de Dieu. Ne répétez pour-
« tant pas ce mot, ajouta-t-il dans sa délicate modestie,
« ce serait prétentieux. Je ne dis cela qu'à vous. »

« Ce généreux esprit, si humble et en même temps

si fort, poursuivit sa marche et sa lutte sans ostentation comme sans orgueil, croyant et voulant travailler en présence de Dieu et par obéissance à Dieu.

« Si je ne me trompe, cet exemple sera historique, il sera salutaire, il relèvera plus d'un désespoir, il guérira plus d'un aveuglement. Mais Dieu sans doute a voulu abréger les souffrances de son héroïque ouvrier, et après tant d'épreuves l'a recueilli, je l'espère, dans son sein, au moment même où il s'est trouvé mûr pour la vie éternelle. »

TOCQUEVILLE (DE)

DE L'ACADÉMIE FRANÇAISE, DÉPUTÉ, MINISTRE

(1805-1859)

> « Je considère le doute comme une des
> plus grandes misères de notre nature... Mon
> âme est comme une roue sortie de son en-
> grenage. »   (DE TOCQUEVILLE.)

Ce n'est pas l'homme politique et l'écrivain que nous
voulons montrer ici à l'admiration de nos lecteurs,
mais l'homme chrétien, au généreux et noble caractère, qui, revenu de ses préjugés, finit par trouver
dans le catholicisme la vérité sans nuage.

Alexis Clérel de Tocqueville naquit à Paris, le
29 septembre 1805, d'une famille royaliste et chrétienne. Il était doué d'une nature ardente et sérieuse :
« On ne réussit à rien, si l'on n'a le diable au corps,
écrivait-il plus tard à un jeune homme. A votre âge
j'aurais entrepris de sauter par-dessus les tours de
Notre-Dame, si j'avais su trouver par delà ce que je
cherchais. »

Un esprit aussi impétueux s'émancipa de bonne
heure des vérités religieuses et devint en peu d'années
la victime du doute : « Lorsque dans ma jeunesse j'ai
commencé à réfléchir, j'ai cru que le monde était plein
de vérités démontrées et qu'il ne s'agissait que de

bien regarder pour les voir. Mais quand j'ai voulu
m'appliquer à considérer les objets, je n'ai plus aperçu
que doutes inextricables. Je ne puis m'expliquer dans
quelle horrible situation cette découverte m'a mis.
C'est le temps le plus malheureux de ma vie. Je ne
puis me comparer qu'à un homme qui, saisi d'un
vertige, croit sentir le plancher trembler sous ses pas.
Même aujourd'hui c'est avec un sentiment d'horreur
que je me rappelle cette époque. Je puis dire qu'alors
j'ai combattu avec le doute corps à corps, et qu'il est
rare de le faire avec plus de désespoir... Je le consi-
dère comme une des plus grandes misères de notre
nature; je la place immédiatement après les maladies
et la mort[1]. »

. Quelle leçon pour tant de jeunes gens, qui, ayant
à peine quitté les bancs du collège, veulent tout savoir,
lire toutes les mauvaises publications, fléau de la
société, sous prétexte qu'ils ne sont plus des enfants
et qu'ils ont le droit de se choisir une croyance. Un
esprit de dix-huit ans est-il donc assez mûr pour
faire de lui-même un tel choix? De Tocqueville
connut plus tard son erreur et sut s'en repentir;
néanmoins son exemple doit être utile à d'autres,
puisqu'il avoue que s'il était chargé de classer les
misères humaines, il le ferait dans cet ordre : 1° les
maladies, 2° la mort, 3° le doute. Ainsi les maladies,
la mort même étaient pour lui préférables au scepticisme. Quel effrayant aveu!

Ses relations de société et d'amitié, quand il entra
dans la magistrature, furent fusionnistes et variées

---

[1] *Lettre à Charles X*, 22 octobre 1831.

comme ses opinions. Nommé juge suppléant au tribunal de Versailles, où son père était préfet, Alexis se lia d'une profonde amitié de cœur et d'intelligence avec un jeune substitut, M. Gustave de Beaumont, qui lui demeura toujours fidèle. Il était aussi uni intimement avec un proche parent, le comte Louis de Kergolay, officier d'artillerie, représentant pour lui la vieille foi bretonne et monarchique, à laquelle de Tocqueville ne rendit pas toujours hommage, car à cause d'elle les relations d'amitié faillirent être brisées à jamais. Heureusement ce malheur leur fut épargné à tous deux. Puis Lamoricière vint compléter ce petit cercle d'amis, auxquels se joindra plus tard M. de Corcelles. « Ce que Lamoricière représentait parmi eux, dit M. Baunard, c'était le libéralisme actif et militant, comme Tocqueville était la représentation du libéralisme de doctrine et de pensée. Mais avec cela l'honneur, la franchise, le dévouement à tout ce qui est vrai et bon ou semble l'être. » M. de Corcelles viendra représenter dans ce cercle d'élite un élément supérieur, celui du catholicisme avec un certain mélange de cet esprit moderne, par où il se rapprochait de Tocqueville. Enfin, Jean-Jacques, Ampère et Mᵐᵉ Récamier compléteront le milieu où vécut de Tocqueville pendant longtemps : « La religion de tout ce cénacle, à part M. de Corcelles et quelques autres, c'est le demi-christianisme, le christianisme politique et libéral, qui avait pour sanctuaire le salon de Mᵐᵉ Récamier et pour grand pontife Chateaubriand. »

Après 1830, les relations de Tocqueville étant de-

venues difficiles dans cette nouvelle société, il obtint
du ministre de l'intérieur d'aller, avec son ami G. de
Beaumont, étudier le système pénitentiaire aux États-
Unis, et, à son retour, il publia un rapport remarquable
sur sa mission. Sa correspondance d'Amérique montre
bien son état d'esprit agité par ce qu'il a vu dans ces
contrées nouvelles. Autour de lui, vingt sectes diverses
se partagent les croyances du même peuple.

« A cette vue, dit son biographe, il se trouble, le
drapeau de la vérité chancelle entre ses mains, et nous
retrouvons l'homme du doute dans ses lignes amères,
où, désorienté au sein de cette diversité de croyances,
le philosophe trouve plus simple de confondre toutes
les religions, la vérité et l'erreur, dans une énumé-
ration où il est difficile de distinguer vers laquelle
incline sa préférence ou si même il en a une[1]. »

Cependant un fait l'avait frappé, c'était l'accrois-
sement des membres de l'Église romaine sur le sol
américain. Il écrivit de là-bas à sa mère : « L'établis-
sement des catholiques dans cette ville est considérable. Ils ont cinq églises et leur nombre dépasse
cinq mille[2]. Je ne serais pas étonné que la religion
catholique, tant attaquée en Europe, ne fît dans ce
pays de grands progrès. »

Et dans une autre lettre : « Toutes mes observations
me portent à penser que les catholiques croissent en

---

[1] M. Baunard, la Foi et ses victoires.

[2] Qu'eût-il donc pensé s'il avait vécu de nos jours ? Au lieu de cinq
mille, c'est six cent mille catholiques que compte New-York aujourd'hui.
Au lieu de quatre ou cinq églises, c'est cinquante-huit élevées dans ce
grand centre commercial. Et si l'on y joint les églises des faubourgs
Brooklyn, Jeroye-City, Hoboken, il faudra porter à cent vingt le nombre
des églises catholiques sur une étendue égale à celle de la moitié de
Londres.

nombre. Outre que beaucoup d'émigrants européens viennent les recruter, les conversions sont nombreuses. »

Après avoir constaté le fait, de Tocqueville, en esprit positif, remonte à la cause : ce qui produit ce courant vers le catholicisme, c'est la réaction des âmes contre le débordement du rationalisme. Nous verrons plus tard que ces réflexions auront porté leurs fruits.

Quatre ans après il faisait paraître la *Démocratie en Amérique,* ouvrage profond et hardi, qui lui mérita un prix Montyon et le fit entrer à l'Académie des sciences morales. Cet ouvrage eut un grand succès en France et à l'étranger, et Royer-Collard disait de lui : « Depuis Montesquieu, il n'a rien paru de pareil. » En 1841, ce livre était complété par la seconde partie; de Tocqueville voyait s'ouvrir pour lui les portes de l'Académie française.

Ces honneurs dans un âge si jeune le trouvèrent modeste : il avait alors trente-six ans.

Il est intéressant de lire les pages presque prophétiques, par lui écrites à cette date, sur la transformation de la société moderne, et de considérer comment tout ce qu'il a prédit vers 1835 se trouve réalisé aujourd'hui, en attendant que se réalisent d'autres événements plus graves encore qu'il a annoncés : « Mon cher ami, nous allons à une démocratie sans bornes. Je ne dis pas que ce soit une bonne chose. Ce que je vois dans ce pays-ci (il parle de l'Amérique) me convainc, au contraire, que la France s'en arrangera mal. Mais nous y allons, poussés par une force irrésistible. Tous les efforts que nous ferons pour arrêter ce mouvement ne produiront que des haltes. En un mot, la démocratie me paraît désormais un fait, qu'un gouvernement peut avoir la prétention de régler, mais d'arrêter, jamais! Ce n'est pas sans peine, je t'assure, que je me suis rendu à cette idée. Ce que je vois dans ce pays-ci ne me prouve pas que le gouvernement par la multitude soit une excellente chose. »

Moins d'un mois avant la chute du régime de Juillet, il avait dit à la tribune française : « On prétend, Messieurs, qu'il n'y a point de péril, parce qu'il n'y a point d'émeute. Parce qu'il n'y a point de désordre matériel à la surface de la société, on dit que les révolutions sont loin de nous. Permettez-moi de vous dire que je crois que vous vous trompez. Sans doute, le désordre n'est pas dans les faits, mais il est entré profondément dans les esprits. Regardez ce qui se passe au sein de ces classes ouvrières que vous croyez tranquilles, parce qu'en effet elles sont moins tourmentées que jadis par les passions politiques. Mais ne voyez-vous pas que leurs passions, de politiques, sont devenues sociales? Ne voyez-vous pas qu'il se répand peu à peu dans leur sein des opinions, des idées qui ne vont pas seulement à renverser telles lois, tel ministère, tel gouvernement même, mais la société, en ébranlant les bases mêmes sur lesquelles elle repose. Et ne croyez-vous pas que quand de telles opinions descendent dans les masses, s'y répandent généralement et y prennent racine, elles doivent amener tôt ou tard, je ne sais quand, je ne sais comment, mais qu'elles doivent amener les révolutions les plus redoutables? Telle est, Messieurs, ma conviction profonde. Je crois que nous nous endormons, à l'heure qu'il est, sur un volcan, j'en suis profondément convaincu. »

En 1848 il écrivait à un ami : « Dans l'insurrection de Juin, il y a autre chose que de mauvais penchants, il y a de fausses idées. Beaucoup de ces hommes qui marchaient au renversement des droits les plus sacrés étaient conduits par une sorte de notion erronée du droit. Ils croyaient sincèrement que la société était fondée sur l'injustice, et ils voulaient lui donner une autre base. C'est une sorte de religion révolutionnaire que nos baïonnettes et nos canons ne détruiront pas. Elle nous créera des difficultés et des périls qui ne sont pas près de finir, et j'en suis à me demander si, d'ici à très longtemps, on pourra rien bâtir de solide et de durable sur le sol mouvant de notre société, même le pouvoir absolu dont tant de gens, las des orages, s'accommoderaient, faute de mieux, comme d'un port. Nous n'avons pas vu commencer cette grande révolution, nous ne la verrons pas finir. »

Et deux ans après :

« Mon ami, l'avenir est noir comme le fond d'un four... Tout ce que je puis te dire, c'est que je suis plus inquiet que je ne l'ai été depuis bien longtemps. Ce qui est clair pour moi, c'est qu'on s'est trompé depuis soixante ans en croyant voir le bout de la révolution. On a cru la révolution finie au 18 brumaire; on l'a crue finie en 1814; j'ai pensé moi-même, en 1830, qu'elle pourrait bien être finie en voyant que la démocratie, après avoir détruit tous les privilèges, en était arrivée à n'avoir plus devant elle que le privilège si ancien et si nécessaire de la propriété. J'ai pensé que, comme l'Océan, elle avait enfin trouvé son rivage. Erreur! il est évident aujourd'hui que le flot continue à marcher, que la mer monte; que non seulement nous n'avons pas vu la fin de l'immense révolution qui a commencé avant nous, mais que l'enfant qui naît aujourd'hui ne la verra vraisemblablement pas. Ce n'est pas d'une modification, mais d'une transformation du corps social qu'il s'agit. Pour arriver à quoi? — En vérité, je l'ignore, et je crois que cela dépasse l'intelligence de tous. On sent que l'ancien monde finit, mais quel sera le nouveau? Les plus grands esprits de ce temps ne sont pas plus en état de le dire que ne l'ont été ceux de l'antiquité, de prévoir l'abolition de l'esclavage, la société chrétienne, l'invasion des barbares, toutes ces grandes choses qui ont renouvelé la terre. Ils sentaient que la société de leur temps se dissolvait; voilà tout. »

Ne croirait-on pas ces lignes écrites en 1890, et commes elles donnent à réfléchir!

Comme tous les esprits droits et généreux, de Tocqueville voulait la liberté d'enseignement pour les catholiques et combattait le monopole de l'État : « J'agirai et je parlerai certainement dans le sens de cette opinion, et les colères des journaux ne m'empêcheront pas de dire ce que je pense d'une papauté administrative. Je suis également décidé à tenir ferme dans la question de la liberté d'enseignement[1]. »

---

[1] Lettre de M. de Corcelles.

Ayant été envoyé en Afrique pour l'étude des projets de colonisation, un incident curieux signala sa visite au collège d'Alger.

« Le directeur de ce collège se plaint à moi de ce qu'on n'empêche pas l'évêque d'avoir quelques élèves dans un petit séminaire : « L'évêque, me dit-il, élève « de jeunes Arabes à trois cents francs par an. Com- « ment pourrions-nous supporter la concurrence ? » En effet, il est très fâcheux qu'on puisse donner l'instruction à bon marché ! Cet odieux mercantilisme du monopole universitaire indignait l'équité d'Alexis de Tocqueville.

Mais renfermons-nous dans la question suprême.

Il ne cache pas que la démocratie l'inquiète au point de vue religieux, et c'est là chez lui un signe consolant. Il connaît un remède au mal qui la tourmente, et ce remède, il ne craint pas de le nommer et de le présenter : c'est de là qu'il attend le salut des générations nouvelles. C'est la religion, la religion d'abord en général, nécessaire à l'individu, secondement la religion nécessaire à l'homme de la démocratie. D'abord la religion est nécessaire à l'homme.

« Jamais, écrit Tocqueville avec sa gravité solennelle, jamais le court espace de soixante années ne renfermera toute l'imagination de l'homme. C'est par une espèce d'aberration de l'intelligence et à l'aide d'une sorte de violence morale que les hommes s'éloignent des croyances religieuses ; une pente invisible les y ramène. L'incrédulité est un accident, la foi seule est l'état permanent de l'humanité. »

Puis voici les propositions qu'il développe avec un

talent supérieur : Nécessité de la religion, — nécessité de la révélation, — nécessité de la religion pour la société. Il arrive ainsi à plusieurs conclusions de la plus haute importance. « Je doute que l'homme puisse jamais supporter à la fois une complète indépendance religieuse et une entière liberté politique, et je suis porté à penser que s'il n'a pas de foi, il faut qu'il serve, et s'il est libre qu'il croie[1]. »

Autre conséquence : si la religion est la condition première de toute liberté, là où la liberté est le plus en péril, là aussi la religion devient plus nécessaire. Tel est en particulier l'état démocratique : « Je ne sais, dit-il, si cette grande utilité des religions n'est pas plus visible encore chez les peuples où les conditions sont égales que chez les autres, car cette égalité, en introduisant de grands biens dans le monde, ouvrant démesurément l'âme des hommes à l'amour des jouissances matérielles, l'avantage des religions est de leur inspirer des instincts tout contraires... Les peuples religieux sont donc naturellement forts à l'endroit où les peuples démocratiques sont faibles, ce qui fait bien voir de quelle importance il est que les hommes gardent leur religion en devenant égaux. »

Donc malheur à ces peuples barbares, s'ils viennent à tomber dans le matérialisme ! « Le matérialisme est, chez toutes les nations, une maladie dangereuse de l'esprit humain ; mais il faut particulièrement le redouter chez un peuple démocratique, parce qu'il se combine avec le vice le plus familier à ces peuples,

[1] *De la démocratie en Amérique*, t. III, ch. vi.

qui est le goût excessif des jouissances matérielles. Or
la religion étant un des moyens les plus simples et les
plus pratiques d'enseigner aux hommes l'immortalité
de l'âme, c'est là l'avantage qu'un peuple démocratique retire des croyances, et ce qui les rend plus
nécessaires à tel peuple qu'à tous les autres. »

Voilà ce qu'enseigne de Tocqueville par rapport à la
religion. Toutefois il ne faut pas se méprendre sur ses
sentiments. Il ne s'agit pas encore pour lui du catholicisme, mais de la religion naturelle. Aussi parle-t-il
des religions comme si, en principe, plusieurs pouvaient être vraies ; puis, d'une manière générale, de
Dieu, de l'immortalité de l'âme, qui ne sont encore
que des vérités naturelles. Enfin cette nécessité de la
religion pour les peuples, il semble ne l'admettre
qu'en vue du bien-être et de la morale et souvent
seulement comme un moyen de gouverner les peuples.
De même, en fait de morale, il veut le modérantisme ;
en fait de pratiques religieuses, le minimisme ; en
fait de principes religieux, le libéralisme. Ainsi notre
philosophe n'a pas fait de grands progrès vers la
vérité religieuse.

« Singulière religion, dirons-nous avec M. Baunard, que celle qui se résigne à suivre docilement
le courant contre lequel sa mission est de lutter, »
et qui mesure sa morale et son dogme au degré des
fluctuations des opinions humaines et des caprices
de la foule ; car, d'après de Tocqueville, la religion
ne saurait prospérer qu'en s'accommodant à la démocratie.

Notre philosophe était donc, pour le moment,

catholique le moins possible. De là au catholicisme
complet, pratique, le chemin est long. Aussi sera-ce
une vraie conversion que son retour à la foi et à la
vie chrétienne. Lacordaire a dit de lui « qu'il n'y eut
jamais dans son cœur une impiété, ni sur ses lèvres
un blasphème ».

Élu député en 1839, de Tocqueville n'eut qu'un
rêve en entrant dans la vie politique, ce fut de travailler « à concilier l'esprit libéral avec l'esprit de
religion, la société moderne avec l'Église ».

Toujours les mêmes illusions. Au lendemain de
1848, il entra au ministère des Affaires étrangères
avec ses amis Dufaure et Lanjuinais ; mais il crut
devoir en sortir après le manifeste du 31 octobre 1849,
se séparant aussi de Louis Bonaparte. Son passage
au ministère n'avait duré que six mois. Il y fut assez
longtemps, cependant, pour avoir la gloire de faire
partie du ministère qui soutint notre expédition de
Rome. La lettre du prince président à M. Edgard Ney
fut le signal de sa rupture avec lui : il ne lui reconnaissait pas le droit de remontrance, et encore moins
d'insolence envers la majesté d'un pape tel que
Pie IX.

Il revint donc à son banc de député, triste et
découragé, mais content d'avoir fait son devoir comme
ministre. Il voulut bien encore lutter au 2 décembre
1851, mais il fut conduit, avec ses collègues, à Vin-
cennes.

Là finit sa vie politique. Après quarante heures de
prison, il se retira dans sa terre de Normandie. C'est là
que Dieu l'attendait : « Voici que les deuils de famille,
le désenchantement de la gloire, le désillusionnement

7*

politique, tous ces vents de la tribulation, soufflant
ensemble ou successivement sur la face mobile qui
recouvrait sa foi, vont mettre à nu le tuf impérissable
sur lequel Dieu s'apprête à se bâtir un temple pour
l'éternité[1]. »

Dans sa retraite, nous le trouvons défendant l'Église
catholique contre les attaques des anglicans. Un des
plus illustres correspondants anglais, le traducteur de
ses ouvrages, devenu secrétaire du Conseil privé de la
reine d'Angleterre, ayant attaqué les tendances de
Rome, de Tocqueville s'en plaignit amèrement dans
une lettre digne d'un ultramontain. Bientôt Dieu lui
envoyait de funèbres avertissements.

En 1856, la mort lui enleva son père, un père qu'il
adorait et dont il écrit : « J'ai vu chez mon père ce
que je n'avais jamais vu jusqu'ici qu'en lui : la religion
entière est présente dans les moindres actions de sa vie,
et à chaque minute se mêlant sans jamais chercher
à se montrer à toutes les pensées, à tous les sentiments, à tous les actes : « Votre père, me disait son
« confesseur, vient chercher près de moi des conso-
« lations, et moi près de lui un sujet continuel d'édi-
« fication. Aussi la vie et la mort de mon pauvre père
« ont été pour moi les plus grandes preuves de la
« religion. »

C'est bien de la vraie religion qu'il s'agit cette fois.

A la fin de 1856, il perdit son oncle M. de Rosambo,
également catholique fervent et édifiant, et auquel il
avait voué un culte d'affection et d'admiration. En 1857,
mourait une noble et digne amie, Mᵐᵉ Swetchine, à

[1] M. Baunard.

laquelle il rendit hommage dans ses lettres d'alors. Dieu brisait ainsi les liens qui attachaient l'âme de Tocqueville ici-bas. Ces deuils successifs, et une vague inquiétude qui l'absorbait, le rendirent triste : il essaya d'y échapper par l'étude, mais ne put y parvenir : « Sous la salutaire influence de ma femme, une certaine sérénité me gagne par moments ; mais bientôt elle m'échappe, et m'abandonne à cette agitation sans cause et sans effets, qui souvent fait tourner mon âme comme une roue sortie de son engrenage. » En même temps, il se sentait malade et fut emmené à Paris. Le docteur Andral l'envoya sous le ciel de Cannes pour le remettre un peu.

Écoutons le récit de sa mort par M. l'abbé Gabriel : « Un jour il me dit : « Monsieur le curé, je vous « reverrai. » Puis il ajouta cette parole significative : « Et vous savez comment. — Quand sera-ce, mon- « sieur le comte? — Monsieur le curé, dès demain. »

« Le lendemain j'y fus. Il m'attendait pour se confesser ; il voulait le faire à genoux ; je dus le lui défendre.

« Quand il se fut confessé, il parla de communier. « Quand sera-ce? » me demanda-t-il. Le jour de Pâques n'était pas loin. Il désira attendre jusqu'à cette grande fête, « afin, me dit-il, d'avoir le temps « de se préparer. » J'acceptai ce délai que me semblait permettre l'amélioration présente de son état, et je lui donnai rendez-vous pour ce jour dans la chapelle de Notre-Dame du Bon-Voyage.

« Cependant j'étais inquiet : le malade s'affaiblissait. Sur ces entrefaites Mme de Tocqueville, étant devenue elle-même fort souffrante, me demanda de lui apporter la sainte communion. J'en profitai pour dire à son mari, qui était là : « Et vous, monsieur le comte, « quand sera-ce votre tour? — Je ne suis pas encore prêt, » me répondit-il, et il demanda à se confesser de nouveau.

« Le lendemain, j'allai célébrer la messe dans sa propre villa. Avant de commencer, je lui dis de nouveau : « Et à quand pour vous? » Il me fit la même réponse : « Je ne suis pas encore prêt. » C'était la grande idée qu'il avait du sacrement qui le faisait parler ainsi. Mais en me voyant sur le point de monter à l'autel, il me rappelle et me demande : « Vraiment, « le puis-je aujourd'hui? — Oui, puisque vous avez « été absous hier même. »

« Ce fut ainsi qu'il communia... Les assistants m'ont dit qu'ils l'avaient vu pleurer : c'étaient des larmes de joie. Bientôt après, la maladie ne laissa plus d'espoir, même de prolongation. Un jour de la semaine sainte je fus appelé auprès de lui précipitamment. Mais il était trop tard : il venait d'être emporté dans une syncope. »

Son frère, le vicomte de Tocqueville, dans une lettre à M. Mignet, qui, dans une étude sur le défunt, avait omis de parler de sa fin chrétienne, donne des détails édifiants sur les derniers moments de sa vie.

« Deux religieuses veillaient le malade tour à tour. Pendant ses longues heures d'insomnie il ne cessait de s'entretenir avec elles des plus hautes questions touchant la divinité, l'éternité, l'immortalité de l'âme, la vie future. Quand il se trouvait trop fatigué, il disait à la religieuse : « Priez tout haut, ma sœur. » Souvent il s'écriait : « Que cette prière est belle ! » Le lendemain, la sœur me disait : « Comme il a parlé « de Dieu cette nuit ! »

« Quelque temps après, un mieux étant survenu, il dit à son neveu Hubert : « Vois-tu, cher ami, je « regrette aujourd'hui de n'avoir pas fait, dans ma « vie, une plus large part aux intérêts de la religion. « Si Dieu me rend la santé, je suis décidé à m'y « consacrer avec plus d'ardeur. »

« Vers la même époque, ajoute son frère le vicomte, comme il revenait un matin de sa courte promenade, il me fit asseoir près de lui et me dit d'un ton assez solennel : « Je tiens à t'apprendre que je suis mis en « relation avec le curé, qui me paraît un saint prêtre, « et que je lui ai déclaré mon intention d'accomplir, « avant de quitter Cannes, mon devoir pascal. »

Puis il rapporte la communion du comte comme nous l'avons rapportée.

Enfin M. de Beaumont ajoute :

« La fin de Tocqueville a été toute chrétienne. C'est à tort qu'on a parlé de conversion ; il n'a point eu à se convertir, parce qu'il n'y avait jamais eu en lui la moindre trace d'irréligion... En se jetant aux pieds d'un ministre de paix et de miséricorde, il ne fit que suivre l'élan de sa conscience. »

Ces paroles ne semblent pas exactes, car nous avons vu de Tocqueville victime du doute et de l'incrédulité.

VAILLANT

MARÉCHAL DE FRANCE, MINISTRE, MEMBRE DE L'ACADÉMIE
DES SCIENCES

(1790-1872)

> « J'ai toujours tenu et je tiens pour
> unique, vraie et infaillible cette sainte
> religion catholique, remerciant Dieu de
> m'avoir accordé cette foi. »
> (Maréchal VAILLANT.)

Le maréchal Vaillant était né à Dijon. A sa sortie
de l'École polytechnique, il entra dans l'arme du
génie et fut employé, en 1811, comme lieutenant aux
travaux de défense de Dantzig, puis combattit à Ligny,
à Waterloo.

Sous les régimes suivants il n'est pas un siège
important où il ne prenne part. Il est blessé devant
Alger, contribue à la prise d'Anvers et surtout à la
prise de Rome, où l'habileté avec laquelle il dirigea
les travaux du siège pour épargner la Ville éternelle
est restée présente à la mémoire de tous. Vaillant
avait été envoyé deux fois en Afrique. Sa nomination
au maréchalat date de 1851. Pendant la campagne de
Crimée, le brave guerrier accepta la lourde charge
de ministre de la guerre, et la supporta de façon

à faire regretter qu'il ne l'eût point conservée seize ans plus tard.

A dater de 1860 une vie nouvelle commence pour lui.

Grand maréchal du palais, ministre des Beaux-Arts et de la maison de l'empereur, comte de l'empire et membre du conseil privé, il reste dans ces hautes sphères ce qu'il a toujours été, grand travailleur, administrateur de haute capacité, bourru par tempérament, simple jusqu'à la parcimonie. Mais à l'occasion, — et son pays natal en sait quelque chose, — il savait être vraiment généreux. Membre de l'Académie des sciences depuis 1853, il était fort assidu aux séances, dont il suivait avec passion et partageait volontiers les travaux sur les sciences naturelles.

La vie du maréchal Vaillant n'offre pas beaucoup de faits qui révèlent ses sentiments religieux. Toutefois nous savons qu'il avait la foi, et il en donna des preuves dans sa dernière maladie, où il accueillit avec joie et bonheur le ministère du prêtre ; il se confessa et reçut les sacrements avec une grande piété. La France lui fit de magnifiques funérailles à Sainte-Clotilde, au mois de juin 1872.

Pendant son passage au ministère il accordait ou faisait accorder des secours aux églises : le trait suivant, qui nous prouve la simplicité de sa vie, nous en offre un curieux exemple.

Été comme hiver, le maréchal se levait à cinq heures du matin ; il allumait un cigare, et, alors qu'il était ministre de la maison de l'empereur, allait se promener, les deux mains dans les poches, à travers

« son département », ayant pour costume un pantalon large et un veston de coutil.

Un jour, à six heures, arrive devant le ministère un brave curé de campagne des environs de Dijon. Le concierge dormait, et le maréchal fumait sur le perron de l'hôtel. Il aperçoit le visiteur embarrassé :

« Que cherchez-vous, monsieur l'abbé? cria-t-il.

— Le concierge, mon garçon.

— Il dort encore.

— Quel ennui! où savoir l'heure d'audience du ministre?

— Il reçoit toute la journée. Que lui voulez-vous, au ministre?

— Voilà. »

Et le bon curé, tout heureux de trouver à qui conter son affaire, s'empresse de raconter le motif de sa visite.

« C'est bon, c'est bon, dit le maréchal, je me charge de cela; seulement venez à l'heure de déjeuner, vous passerez de suite.

— Vous êtes sans doute le domestique de confiance de Son Excellence?

— Tout juste; il n'a pas de meilleur serviteur que moi. »

Le curé, radieux et plein d'espérance, se retire et revient à l'heure indiquée.

On l'introduit dans la salle à manger, et il y trouve son interlocuteur du matin, qui l'invite à s'asseoir et à déjeuner avec lui.

« Vous déjeunez donc à la même heure que le ministre? demanda le prêtre un peu ébahi.

— Oui, et je mange la même chose que lui. Vous allez voir. »

Le curé s'attable, et rien ne venait détruire son illusion, quand un secrétaire entre dans la salle et prononce le mot de maréchal.

« Oh! Monsieur! c'est bien mal de vous être moqué d'un pauvre brave homme qui avait eu confiance en vous! s'écria-t-il indigné et en se levant.

— Rassurez-vous, monsieur l'abbé, voici le traité de paix. »

En ce disant, le maréchal remit au prêtre le papier que venait de lui apporter son secrétaire. L'objet de sa demande était accordé; c'était une subvention considérable pour son église.

VALETTE

JURISCONSULTE, DÉPUTÉ, MEMBRE DE L'INSTITUT

(1805-1878)

> « Les sots sont ici-bas pour nos menus
> plaisirs. »   (AUG. VALETTE.)

L'Académie des sciences morales a perdu dans M. Valette un esprit distingué et un caractère droit.

Né le 15 août 1805, Claude-Auguste Valette était doué d'aptitudes diverses, et fut, à neuf ans, reçu élève du Conservatoire. Mais bientôt il abandonna la musique, fit son droit et fut reçu docteur avec succès, ce qui lui valut d'être professeur de droit à Paris pendant vingt ans.

Il a su unir à l'exposition de nos lois civiles toutes les notions historiques et philosophiques propres à les éclairer et à en montrer les origines dans la tradition et la science. Aussi est-il, en France et en Allemagne, un des plus illustres représentants du droit français. La connaissance des langues et des législatures étrangères lui permit de signaler les *desiderata* de notre Code sans jamais en abandonner les principes.

Élu par le Jura à l'Assemblée nationale après la

révolution de Février, il entra dans la vie politique et
vota avec la gauche. Républicain, il l'avait été, mais
nous savons que les républicains du jour étaient loin
de réaliser son idéal. Il entendait les principes républicains dans un sens chrétien, et parlait souvent avec
mépris de ses amis politiques, regrettant, disait-il,
de ne pouvoir leur appliquer ce vers :

Les sots sont ici-bas pour nos menus plaisirs.

Aussi était-il peu éloigné de la pratique de sa religion, et, quand il tomba sérieusement malade, il voulut se confesser et communier en pleine connaissance.

A dater de cette époque il a souffert et est mort en
chrétien, en 1878.

VEUILLOT (Louis)

PUBLICISTE

(1813 - 1883)

> « L'Église m'a donné la lumière et la
> paix, je lui dois ma raison et mon cœur;
> c'est par elle que je vois, que j'admire,
> que j'aime, que je vis. »
>
> (Louis Veuillot.)

Dans son ouvrage sur *Rome et Lorette*, Louis Veuillot a écrit son histoire et le récit de sa conversion avec une éloquence émue. Ouvrier de la dixième heure, il s'est proposé avant tout de faire du bien à ses frères, en leur racontant les miséricordes de Dieu sur son âme. « La vie du chrétien, dit-il, doit n'être qu'un effort de conversion sur lui-même et sur les autres; en se convertissant, il prêche; en prêchant, il se convertit. C'est la pensée que nous avons tous et que j'exprime. »

Nous allons essayer de résumer ce récit.

Louis Veuillot est né de parents pauvres et sans religion : « Je le dis à la honte de mon temps, non à la leur; ils ne connaissaient pas Dieu. Enfants tous deux à l'époque où l'on massacrait les prêtres, ils n'en avaient point trouvé dans leur village pour les élever, et, tout ce qu'en vieillissant ils avaient entendu

dire aux plus habiles qu'eux de l'Église et des ministres
de la religion leur en inspirait l'horreur. » Pour lui,
toute sa religion se bornait dans son enfance « à réciter
quelques bribes de l'*Ave Maria* », le soir au pied de
son lit.

Il se plaint amèrement de n'avoir pas connu le
bonheur de l'école des Frères : « Je fus donc jeté
dans cette infâme école mutuelle ; il fallait, tous les
mois, deux journées de travail de mon pauvre père
pour payer les leçons de corruption que je recevais
de mes camarades et d'un maître, qui était ivre les
trois quarts du temps. »

Ainsi abandonné à la direction d'un tel maître, il
lut les mauvais romans de l'époque : « Je n'y man-
quais pas,... et il est telle de ces lectures maudites
dont mon âme portera toujours les odieuses plaies. »

Avis aux jeunes gens qui dévorent ces productions.

« Poussé à la table sainte par des mains ignorantes
ou tout à fait impies, j'en revins avec mes souillures,
je n'y retournai plus. »

Telles furent son enfance et sa jeunesse au point
de vue moral et religieux ; au point de vue matériel
elles furent tristes aussi. Tombés dans la misère, son
père et sa mère ne pouvaient le nourrir ; il chercha une
position pour ne pas mourir de faim et devint scribe,
dans un bureau, aux appointements de vingt francs
par mois. C'est ainsi qu'il sortit à treize ans de la
maison paternelle, « abandonné dans le monde, sans
guide, sans conseil, sans amis, pour ainsi dire sans
maître et sans Dieu. O destinée amère ! Je rencontrai
de bons cœurs ; on ne manqua pour moi ni de géné-
rosité, ni d'indulgence, mais personne ne s'occupa de

mon âme, personne ne me fit boire à la source sacrée
du devoir,... et quand, dans ma misère, dans mon
isolement, dans ma servitude, j'avais tant besoin de
savoir une prière, c'était le blasphème qu'on m'apprenait. »

Combien de jeunes gens liront ces lignes et y
reconnaîtront leur situation abandonnée !

« J'avais dix-sept ans quand je vis les médiocres
enfants de la bourgeoisie qui m'entouraient s'applau-
dir d'avoir démoli l'autel et le trône ; j'avais dix-huit
ans quand je vis la bête féroce abattre les croix ; déjà
mes anciens compagnons se félicitaient moins, mais
j'applaudissais à mon tour. Eux ni moi ne pensions
à voir dans la croix le signe du salut, les signes de la
liberté, les deux bras divins pour protéger le monde.
Tout ce qui tombait excitait ma joie : je me voyais
condamné à n'habiter partout que la poudre des grands
chemins et déjà je disais des choses qui allaient les
épouvanter. »

Louis Veuillot raconte ensuite ses premières armes
dans la mauvaise presse et le travail qui se faisait
dans son esprit.

« J'étais dévoué : la jeunesse a besoin de se dé-
vouer... Nous étions, dans un petit chef-lieu de Gas-
cogne, trois journalistes en dispute réglée pour peu de
chose... De ces querelles mesquines, de ce dévouement fourvoyé, de ces passions ignorantes, j'essayais
de remplir une âme où chaque jour mouraient les
fragiles fleurs du printemps ; mais plus j'allais, plus
il s'y trouvait des places vides, et dans ces landes
désolées germaient bien des remords.

« Souvent ému sur ce point, seul avec moi-même,
je cherchais à pénétrer les mystères de l'homme intérieur. J'y trouvais de l'ennui ; l'ennui me semblait
légitimer le goût du plaisir. Mais ce goût du plaisir
blessait la conscience, jetait mille troubles dans l'âme,
enfantait d'odieuses douleurs. Pourquoi cela? Qu'est-ce
que la conscience? Je ne le comprenais pas... Que
n'allais-je tout de suite à Dieu? Faut-il le dire? Je
pensais n'avoir rien à faire de ce côté ; je me croyais
de la religion. J'avais, en effet, la religion de la lyre,
cette piété des rimeurs de notre temps qui consiste
à remplacer Jupiter par Jéhovah, l'amour par un
ange, et à faire intervenir, par une profanation détes-
table, le nom virginal de la reine du ciel dans les
élégies que l'on adresse aux Philis et aux Chloés.
Sans nier l'existence de Dieu, je ne connaissais rien,
absolument rien de la loi chrétienne. Je lisais dans
les écrits des penseurs de nos jours que le christianisme avait été bon, utile, mais qu'il était mort, et
je croyais très volontiers qu'en effet le christianisme
était mort.

« Rien autour de moi ne me disait qu'il vécût. Dans
la ville que j'habitais il y avait sans doute d'honnêtes
gens ; il n'y avait pas un homme à ma connaissance
(pas un !), ni fonctionnaire, ni professeur, ni magis-
trat, ni vieux, ni jeune, qui remplît ses devoirs religieux ; pas une mère de famille qui eût une fois parlé,
en ma présence, à ses enfants, de Dieu, de l'Église,
ou de quoi que ce soit qui eût le moins du monde
rapport à la religion. »

La conversion d'un ami commença cependant
d'ébranler son âme. Il alla le voir, et au lieu de le

trouver par suite de ce changement un peu fou, comme il le disait, il le trouva calme, plein d'espoir, et l'aimant plus que jamais, enfin vraiment chrétien.

« Il me fit, raconte-t-il, le récit de ses combats, c'étaient les miens; il me pressa de l'imiter dans le dernier effort qui lui avait donné la victoire. Hélas! le prix même du triomphe me fit peur... Chose étrange! ces terreurs durèrent peu; les doutes mêmes cessèrent, et pourtant le plein jour n'était pas encore venu : c'est que j'avais méprisé la grâce. Dieu me laissa dormir un temps dans la fange de mes iniquités. Vous qui dormez dans le même lit, du même sommeil, ne vous hâtez point de me trouver heureux; luttez contre ce sommeil funeste, sortez-en! J'en ai porté, j'en porte encore la peine. Ce sont des plaies que je ne montre qu'à Dieu... Gustave cependant priait pour moi : il songeait aussi à mon avenir temporel que j'avais toujours abandonné à tous les vents de la terre, et par ses soins je vins à Paris. »

A cette époque, Dieu lui envoya le secours de deux bons livres que des personnes fort religieuses lui prêtèrent par une permission divine. C'était l'*Histoire de sainte Élisabeth* de M. de Montalembert et le beau travail de M. Rubicond sur l'*Action du clergé dans les sociétés modernes*. Mais « savoir, intelligence, raison, choses vaines sans l'obéissance et l'amour. Pour y voir plus clair, je ne m'en conduisais pas mieux... Et j'étais toujours dans le combat. J'étais honteux des brèches faites à ma conscience, ou j'étais las des débris d'honnêteté qui me restaient... Je perdais le sens du juste et de l'honnête, je perdais jusqu'à la volonté du combat, jusqu'au désir de la force. »

Enfin son ami converti l'emmène à Rome.
Là, tout fait impression sur son cœur déjà blasé par

Saint-Pierre de Rome.

les plaisirs et les passions. Ce fut d'abord Saint-Pierre
de Rome.

8

« Catholique ou protestant, croyant ou incrédule, que l'on fasse profession de bel esprit, que l'on suive naïvement les impressions d'un bon et simple cœur, sous quelque ciel que l'on soit né, de quelque pensée que l'on soit imbu, je n'imagine pas un sang si froid, une situation de l'âme telle, que l'on puisse entrer, sans beaucoup d'émotion, dans Saint-Pierre de Rome...

« Une émotion étrange encore, qui fut vive du premier coup, est celle que me firent éprouver ces nombreux confessionnaux distribués dans Saint-Pierre, et qui portent pour enseignes toutes les langues de l'Europe... Ainsi, mon Dieu, vous voulez bien qu'on vous apporte ici des souillures ramassées dans tous les coins du monde ; qu'on les y laisse, et qu'après tant de courses incertaines dans les voies de l'erreur, on puisse dater de Saint-Pierre de Rome le point de départ d'une vie toute nouvelle, où l'on sera soutenu par votre amour. »

Louis Veuillot suivit son ami au tombeau de saint Pierre, où il entendit la messe, la première fois depuis dix ans, et envia, sans trop savoir pourquoi, le bonheur des pieuses personnes qu'il voyait revenir de la table sainte. Dieu agissait ainsi dans son âme.

Une lecture d'un sermon de Bourdaloue, faite en commun avec ses amis, sembla achever ce travail de la grâce, car Veuillot dit à l'un d'eux :

« Cela vous ferait donc bien plaisir, Adolphe, si je me convertissais ? »

Celui-ci ne répondit pas, mais une larme brilla dans ses yeux ; c'était la réponse.

Cependant tous les amis du pauvre égaré, tous fervents catholiques, témoins de la lutte qui se prolongeait en lui, priaient et faisaient prier. Comme ils avaient donné le soin de leur âme à un père jésuite, leur ami les accompagna un soir au *Gesù,* et eut avec ce bon religieux une courte entrevue, où il versa d'abondantes larmes sur son état. Ce fut le signe avant-coureur de la conversion complète.

« J'employai, dit le néophyte, le jeudi et le vendredi saint à mon examen de conscience... Je me mis à genoux et je me confessai... Je me levai, le cœur bercé d'une joie sérieuse et paisible, non pas délivré encore, mais allégé; non pas absous, mais béni. »

Enfin il lui fut donné d'achever le long et pénible, mais sincère aveu, devant lequel il avait reculé si longtemps. Il reçut la divine Eucharistie dans l'octave de Pâques à Sainte-Marie Majeure, et il épancha longtemps son bonheur au pied de l'autel :

« J'étais dans le port, a-t-il écrit, et je regardais d'un œil tranquille cette mer infinie des anciennes tentations. Je savais ce que c'est que le mal : c'est ce que Dieu défend. Vingt-quatre années j'avais vécu sans le savoir et sans pouvoir l'apprendre : je le savais maintenant pour ne plus l'oublier, et toutes mes déceptions et toutes mes misères n'étaient plus un mystère où se perdît ma raison... Dieu intervenait visiblement dans ma vie. J'avais la foi. Je l'ai trouvée avec toutes les consolations, avec toutes les évidences, avec toutes les certitudes, là où l'on m'avait dit que je la trouverais. »

Ceux qui ont connu Louis Veuillot savent avec quelle ardeur, quel courage et quel désintéressement il a persévéré dans la bonne voie; comme il a consacré son talent, son temps, ses veilles et toutes ses forces à la défense de la religion. Il n'a reculé pour cela devant aucun adversaire ni aucun danger. Il a pu se tromper; il a pu apporter trop d'âpreté dans la discussion, mais personne ne doit suspecter la sincérité et l'énergie de sa foi. Les libres penseurs de nos jours n'ont encore rencontré aucun écrivain qui les ait flagellés si vigoureusement.

Aussi est-ce avec raison que ce grand lutteur a proclamé son dévouement à l'Église dans ces lignes, empruntées aux *Mélanges* :

« L'Église m'a donné la lumière et la paix : je lui dois ma raison et mon cœur; c'est par elle que je sais, que j'admire, que j'aime, que je vis. Lorsqu'on l'attaque j'ai les mouvements d'un fils qui voit frapper sa mère. J'essaye d'arrêter la main parricide, j'essaye de la meurtrir, je conserve de son crime un ressentiment profond. C'est le plus insensé des crimes, le plus ingrat, le plus cruel.

« Certes, je n'ai le malheur de haïr aucun homme. Mais l'œuvre à laquelle beaucoup d'hommes se condamnent, et dont je vois tous les jours les effets irréparables, je la hais d'une passion que rien n'épuise, que rien n'endort, qui, malgré moi, éclate en âpres gémissements.

« L'Église est ma Mère et ma Reine. C'est à elle que je dois tout, lui devant la connaissance de la vérité; c'est par elle que j'aime, c'est par elle que je crois; d'elle seule j'espère tout ce que je puis espérer : homme, la miséricorde divine; citoyen, le salut de la patrie.

« Jamais on ne verra dans nos paroles, dans nos

actions, dans nos désirs, dans nos rêves, la trace
d'un amour égal à celui dont nous brûlons pour la
maison de Dieu, pour la sainte Église catholique.
Pour nous il n'y a ni branche cadette, ni branche
aînée ; ni opposition, ni ministère, ni quoi que ce
soit qui prenne le pas sur l'intérêt de la religion
catholique. »

Après avoir, tout le reste de sa vie, combattu le
bon combat dans lequel il a épuisé ses forces, Veuillot
est mort en athlète de Jésus-Christ. Aussi, dans
l'inscription latine du monument élevé à Rome à la
mémoire du grand écrivain catholique, a-t-on pu
célébrer dans Louis Veuillot « le chrétien qui se
sacrifia pour l'Église et la société, le génie qui se
forma lui-même, le dompteur des ennemis du saint-
siège, l'écrivain concis et fort, l'homme désintéressé
qui méprisa les honneurs, les richesses et les plaisirs ;
l'homme fier devant les puissants, devant l'opinion,
devant les malheurs du temps ; finalement, le grand
mort que salue la postérité et que les mécréants ne
se rappellent qu'avec effroi ».

VIGNY (DE)

POÈTE, MEMBRE DE L'ACADÉMIE FRANÇAISE

(1797-1863)

> « Je veux mourir en bon catholique
> comme tous ceux de ma famille. »
> (ALFRED DE VIGNY.)

La mémoire du comte de Vigny a été accaparée par la presse impie ; mais les paroles de notre épigraphe, prononcées par lui, prouvent qu'il s'est séparé, avant de mourir, de ceux qui furent trop longtemps les compagnons de son indifférence et de son irréligion.

Alfred-Victor, comte de Vigny, né à Loches en 1797, fit partie, à dix-sept ans, des mousquetaires rouges de Louis XVIII, et resta dans l'armée jusqu'en 1827, époque à laquelle il en sortit pour se consacrer exclusivement aux lettres.

Les premiers poèmes, qui datent de 1822, sont la preuve de l'influence de l'esprit religieux sur sa muse, comme la *Fille de Jephté,* le *Déluge, Moïse Eloa ou la sœur des anges.* Avec le temps et le travail, le poète prenait place peu à peu dans l'école romantique, mais sans devenir très populaire. Le roman historique de *Cinq-Mars* fit beaucoup plus que ses poèmes pour sa réputation.

Dès 1829, de Vigny abordait le théâtre avec *Othello*, drame traduit de Shakspeare, et la *Maréchale d'Ancre*, en 1831. Plusieurs petits poèmes philosophiques, publiés dans la *Revue des Deux-Mondes*, achevèrent sa réputation, et en 1845 il entrait à l'Académie française.

Tel est l'abrégé de sa carrière littéraire.

Au point de vue moral et religieux sa vie ne fut pas toujours si éclatante et si glorieuse.

Sous le titre de *Journal d'un poète*, le légataire d'Alfred de Vigny a publié, après la mort de celui-ci, en 1867, un livre qui donne la plus triste idée du caractère religieux et moral de ce brillant homme de lettres, et on ne voit pas trop dans quel but ce volume a été mis au jour; en tous cas il n'augmentera pas la gloire du poète. Chacune de ces pages révèle la misanthropie, l'amertume de l'orgueil blessé, l'impiété froide et raisonnée, et une sorte de haine personnelle contre Dieu.

Aussi bien les revues les moins religieuses se sont-elles récriées contre le scandale d'une telle publication; et l'une d'elles, qui est loin d'être cléricale, écrit que c'est là une des plus malencontreuses inspirations que la piété du souvenir ait jamais soufflée à l'oreille d'un ami dévoué.

Nous savons, il est vrai, qu'Alfred de Vigny perdit la foi de son enfance, et qu'il en fut puni par les tristes conséquences de l'incrédulité, le trouble et la tristesse, compagnes inséparables de la seconde moitié de sa vie, et qui, à plusieurs reprises, le portèrent au suicide.

C'est ce qu'avoue sincèrement l'écrivain que nous
venons de citer : « Ne cherchons pas le secret des
tristesses d'Alfred de Vigny ailleurs que dans son
incrédulité. Elle suffit pour tout expliquer, car elle
est une des plus complètes qu'il nous ait été donné
de constater... Pour lui, aucune espérance ni dans
cette vie, ni au delà de la vie. Étonnez-vous après
cela que le suicide se soit plus d'une fois présenté
comme la conclusion légitime d'une existence qui n'a
aucun but. »

Donc, plus de joie, plus de bonheur pour le malheureux poète, au milieu des honneurs dont le
comblent les sociétés littéraires. Et, ses amis le cons-
tatent, son incrédulité est une des plus complètes
qu'il nous ait été donné de rencontrer.

Voyons s'il en sortira, et par quels moyens.

Nous avons heureusement des renseignements aussi
positifs que consolants à fournir ici, touchant les
dispositions du grand poète sur la fin de sa vie.

Une personne digne de foi, et parente d'Alfred de
Vigny, a donné au public des détails qui permettent
de le représenter comme un des exemples les plus
frappants du pouvoir de la prière et de la puissance
de Dieu sur le cœur de l'homme.

On avait beaucoup prié, en effet, pour la conversion de cet impie obstiné, de cet ennemi de Dieu, et
la grâce a triomphé des passions. Quelque temps avant
sa mort il avait accepté et porté sur lui une médaille
miraculeuse ; puis, peu de jours avant de mourir,
alors qu'il possédait la plénitude de sa raison et de
sa liberté, il s'est confessé et s'est jeté dans les bras
du prêtre qui venait de recevoir ses aveux, en lui

disant : « Je veux mourir en bon catholique comme tous ceux de ma famille. »

Tel est le témoignage de la personne dont nous venons de parler, et qui lui était toute dévouée.

Mais nous avons mieux encore pour garantir ce fait si consolant. C'est la lettre du vénérable prêtre qui a eu la consolation de réconcilier avec Dieu Alfred de Vigny, M. Vidal, curé de Bercy, lettre adressée à la revue des *Études religieuses*.

« Vous m'avez fait l'honneur de me demander des renseignements sur les derniers moments d'Alfred de Vigny. Voici comment les choses se sont passées. Plusieurs fois j'avais parlé à M. de Vigny de songer à la confession avant de paraître devant Dieu, et, sans jamais me repousser, il m'avait seulement témoigné le désir d'attendre encore pour accomplir cette action. Quinze jours environ avant sa mort, j'allai le voir, et, après une conversation très sérieuse, dans laquelle il me dit que sa famille était une famille presque sacerdotale, qu'un de ses oncles était mort trappiste ; qu'un autre, doyen du chapitre de Loches, était, je crois, mort en exil, et que lui, M. de Vigny, portait encore au doigt l'anneau de son oncle, je crus le moment venu de lui parler de confession et d'en finir cette fois : « Monsieur de Vigny, lui dis-je, je pars un de ces « jours pour un long voyage, et je ne veux pas partir « sans vous avoir donné l'absolution. »

« Tout aussitôt il s'inclina et me donna un plein consentement. Il prit un air extrêmement recueilli, et, après la confession, il me dit ces propres paroles : « Je suis catholique et je meurs catholique. » Après cette profession de foi, je lui donnai l'absolution.

8*

« En ce moment, il était impossible d'exiger davantage. Cet acte suprême fit sur lui la plus grande impression ; il me prit la main, m'attira à lui, et m'embrassa en me disant avec une effusion de cœur inexprimable : « Ah! quelle bonne action vous venez « de faire! » Je n'oublierai jamais cette parole et le ton dont elle fut prononcée.

« Pendant mon absence il me demanda à plusieurs reprises ; et enfin, se sentant près de mourir, il demanda lui-même un prêtre pour recevoir l'extrême-onction. Sa bonne courut à l'église, et ramena un des vicaires, qui put l'administrer. Il est bon de noter que cette bonne était protestante, et que pendant les derniers jours de sa vie, M. de Vigny lui fit plusieurs fois l'éloge des prêtres... C'est cette bonne qui a raconté quelques-uns de ces détails, et qui voyant mettre en doute, par un personnage connu, le fait de la demande spontanée du prêtre par M. de Vigny, répondit :

« — Monsieur, je suis protestante, et c'est moi « qui ai été chercher le prêtre à l'église pour l'ad- « ministrer. »

« Voilà comment les choses se sont passées. Je l'affirme.

« VIDAL, curé de Notre-Dame de Bercy. »

VINOY

GÉNÉRAL, GOUVERNEUR DE PARIS, GRAND CHANCELIER
DE LA LÉGION D'HONNEUR

(1800-1880)

> « Sur sa tombe la France reconnais-
> sante devrait graver cette devise antique:
> « Sans peur et sans reproche, »
> (Général AMBERT,)

Le général Vinoy a succombé le 29 avril 1880,
emporté en quatre jours par une maladie soudaine.
Né le 28 août 1800, il avait été élevé au petit séminaire ; mais son attrait pour l'état militaire l'entraîna
sous les drapeaux. Il avait vingt ans. Depuis lors, le
drapeau de la France n'a jamais été au feu sans qu'il
y fût.

En 1830, on le trouva à l'armée d'Afrique, sous
le général Bourbaki, où il se distingua et reçut sa
première blessure. Après la prise de Laghouat, il fut
nommé général de brigade, et, dans la campagne de
Crimée, général de division, pour sa brillante conduite à l'assaut de Malakoff.

A Magenta et à Solférino il assura le succès de ces
journées en refoulant des forces bien supérieures en
nombre à sa division.

En 1870, le général Vinoy, âgé de soixante-dix

ans, commandant du 13ᵉ corps, était à Mézières quand il apprit le désastre de Sedan. Aussitôt cerné par les troupes prussiennes, il réussit, grâce à l'habileté et à la hardiesse de ses mouvements, à échapper à leur étreinte et à ramener intact à Paris son petit corps d'armée. « Son arrivée à Paris, a écrit un général stratégiste prussien, était de la plus haute importance, car le corps Vinoy a formé le noyau de défense de la capitale. » Pendant le siège, Vinoy, à la tête de la deuxième armée, composée de recrues et de mobiles, sut tirer bon parti de ses troupes improvisées, et, s'il ne sauva pas la capitale, il sauva l'honneur.

Après la chute de la commune, M. Thiers nomma le vieux soldat, qui n'avait pas manqué une bataille depuis cinquante ans, grand chancelier de la Légion d'honneur. Le brave général, au milieu de nos orages politiques, était demeuré à son poste, honoré et respecté de tous les partis.

Le général Vinoy avait puisé ses sentiments religieux dans l'éducation reçue au séminaire pendant sa jeunesse, et il sut les conserver toute sa vie, bien qu'ils semblassent souvent étouffés par le bruit des camps et les multiples occupations de la carrière militaire. Ces sentiments chrétiens et sa juste sévérité pour les gens de désordre lui attirèrent la haine des amnistiés, et quand, pour leur plaire, on le pria de donner sa démission de grand chancelier, il a trouvé ce motif insuffisant, et a noblement répondu qu' « à soixante-dix ans il attendrait sa révocation comme il avait attendu les balles de l'ennemi ».

« Un jour, dit le général Ambert, son ami, la dis-

grâce vint atteindre notre illustre général. Il nous
écrivit à cette occasion une lettre sublime de grandeur et de résignation. Mais dans chaque pensée,

Prise de Malakoff.

dans chaque mot, notre âme émue devinait la mort
prochaine. Cet homme qu'avaient respecté les boulets
et la mitraille, cet homme revenu des hauteurs de

l'Atlas et de la gorge de Malakoff, devait tomber sous le coup de l'ingratitude et de l'iniquité. Son cœur fut brisé, et, d'un pas chancelant, il sortit de ce palais dont nul autre n'était sorti vivant. »

Peu de jours après, Vinoy atteint au cœur mourait, en infligeant comme une dernière victoire à ceux qui l'avaient frappé la responsabilité d'une mauvaise action.

Dans ses derniers instants sa foi religieuse s'est réveillée, et il a demandé le ministère du prêtre, lequel a écrit à son sujet la lettre suivante :

« Je vous adresse les renseignements que vous me demandez sur la fin du général.

« Depuis sa sortie de la Légion d'honneur il ne quittait pas sa chambre, en proie à un chagrin qui rongeait son âme. Il restait de longues heures la tête dans ses mains, ne voulant profiter ni du premier soleil ni des premières douceurs du printemps.

« Il ne comprenait pas surtout qu'on pût soupçonner l'honnêteté d'un vieux soldat, dont la vie s'était si bravement consumée au service de son pays. Cette pensée le tuait.

« Quelques jours après il se mettait au lit pour ne plus se relever. Le 28 avril, Mme Vinoy me fit demander. Je me hâtai de me présenter auprès du général que je ne savais pas malade.

« Je m'entretins tout d'abord avec lui de sa maladie, de ses anciens amis, etc.; puis, passant à un autre ordre d'idées, je lui rappelai qu'il était chrétien et qu'il avait des devoirs à remplir. Il s'y prêta de grand cœur et reçut les sacrements avec foi. Il envisagea la mort avec le plus grand calme, faisant à Dieu le sacrifice de sa vie.

« Dans la soirée je revins le voir. Il était mieux, me remercia, et paraissait heureux.

« Le lendemain, vers dix heures, je me présentai encore une fois. Le général, qui entrait en agonie, expira doucement dans mes bras.

« Telle fut la fin de ce grand cœur et de cette âme vaillante et généreuse. Espérons que Dieu lui a donné le repos et la paix.

« Ceci est la plus exacte vérité.

« *Signé* : BILLIEZ,

« Vicaire de la paroisse de Saint-Philippe. »

« Que pourrions-nous ajouter à ce simple récit ? écrit le général Ambert. Le voilà donc disparu pour toujours, ce grand homme de bien, ce vaillant soldat, ce citoyen dévoué à la patrie ! Il a noblement traversé la vie, et, sur sa tombe, la France reconnaissante devrait tracer cette devise antique :

Sans peur et sans reproche.

« Lorsque nous sortions de l'église où ses restes mortels avaient été bénits, ces trois mots prononcés par tous frappèrent nos oreilles : « Ils l'ont tué. »

Les communards n'avaient pu lui pardonner de les avoir combattus.

WALDECK-ROUSSEAU

JURISCONSULTE, DÉPUTÉ, MAIRE DE NANTES

(1812-1882)

> « Je vous le promets, j'observerai ce
> règlement. » (WALDECK-ROUSSEAU.)

Au mois de février 1882, la ville de Nantes assistait aux funérailles d'un homme qui occupa une place considérable dans sa vie politique; M. Waldeck-Rousseau, ancien représentant du peuple, célèbre avocat, maire de cette ville, venait de mourir dans les sentiments de la plus vive piété.

Né à Rennes en 1812, après avoir terminé ses humanités au collège Saint-Jean-d'Angély et son droit à Rennes, il se fit inscrire au barreau de Nantes, et fit partie, sous le règne de Louis-Philippe, de la *Société des droits de l'homme*. Après la révolution de Février, ses opinions libérales le firent nommer à la Chambre par plus de quatre-vingt-six mille voix. Il y soutint la politique de Cavaignac et combattit le prince Napoléon.

Waldeck témoigna alors d'un trop grand zèle pour la cause républicaine; mais peu à peu l'expérience le désabusa, et il ne conserva plus de ses opinions premières qu'un grand et sincère amour de la liberté,

sagement dirigé par une foi vive et agissante. Maire
de Nantes en 1871, il lutta vaillamment contre les
hommes de son parti politique en faveur des écoles
congréganistes et le libre exercice du culte catholique. Malgré les menaces de l'impiété, il engagea
le clergé nantais à faire la procession ordinaire de la
Fête-Dieu et se porta garant de la paix publique. Cette
cérémonie eut lieu, en effet, et, grâce à son énergie,
rien ne vint troubler l'ordre dans la rue.

Bientôt chassé de l'hôtel de ville par le flot déma-
gogique, il consacra exclusivement les dernières
années de sa vie aux devoirs de sa profession et aux
œuvres de sanctification personnelle.

A la mort du docteur Guépin, le représentant du
parti républicain, M. Waldeck crut pouvoir donner
un gage à ses amis politiques en assistant à l'enter-
rement civil du fameux démocrate, ami de Garibaldi.
Il y fut, en effet, au grand scandale de la population
honnète et religieuse de Nantes, et à la grande joie
des révolutionnaires.

Avant son départ, une personne qui lui était chère,
et qui voulait lui épargner cette faute publique, avait
dit : « Mon ami, le bon Dieu vous punira. »

Cette prédiction s'accomplit.

Le soir même de la sépulture civile, le célèbre
avocat était frappé d'une maladie qui le mit aux portes
du tombeau et dura de longs mois. La prêtre fut
appelé. Avant de recevoir le saint viatique, le
malade, en présence des personnes qui emplissaient
sa chambre, demanda pardon à Dieu et aux hommes
du scandale qu'il avait eu la faiblesse de donner en
assistant aux funérailles du docteur Guépin.

Le scandale avait été public, la réparation devait l'être aussi ; elle ne coûta pas à son humilité.

Dieu le rappela à la vie, mais il dut abandonner les occupations de sa profession et renoncer à porter la parole au barreau.

Il nous a été donné de connaître et de voir de près M. Waldeck-Rousseau, et nous pouvons garantir la vérité des détails qui suivent.

M. Waldeck a été toute sa vie un catholique pratiquant.

Le curé d'une paroisse[1] où il passait ses vacances une partie de l'été, s'étant permis de demander à la pieuse compagne de sa vie s'il était vrai que M. Waldeck avait commencé depuis peu à faire ses pâques, en reçut cette réponse :

« Mon mari n'a pas eu besoin de recommencer à faire ses pâques, car il n'a jamais cessé de les faire depuis sa sortie du collège. »

Et voici ce qu'elle rapporte à ce sujet :

« M. Waldeck terminait ses études et allait sortir de la maison de Saint-Jean-d'Angély lorsque le supérieur, un vénérable prêtre, doué d'une grande expérience et qui avait bien jugé le jeune étudiant, le fait appeler dans sa chambre et lui parle ainsi :

« — Mon ami, vous allez nous quitter pour aller à
« travers le monde, dans une carrière que vous ne
« connaissez pas. Bien des dangers vous y attendent.
« Vous avez de la foi, du sérieux, vous êtes un

---

[1] M. Waldeck avait, à sa campagne, à Bouffère (Vendée), fait restaurer une petite chapelle, et l'avait placée sous l'invocation des patrons de ses deux enfants.

« homme de devoir, il faut l'être toute votre vie,
« voulez-vous persévérer?

« — Sans doute, monsieur le supérieur.

« — Eh bien, voici un moyen. Lisez ceci. »

« Et le supérieur présente au jeune homme un règlement de vie assez large pour s'adapter aux situations
les plus diverses, mais aussi très complet, et fixant
les principaux points d'une conduite vraiment chrétienne : la prière chaque jour, la messe chaque
dimanche, la communion pascale chaque année.

« Le jeune Waldeck jette les yeux sur ce règlement
et demeure quelques instants pensif.

« — Voulez-vous me promettre d'observer ce règle-
« ment? » dit le supérieur.

« Pas de réponse. Le silence dura encore un
moment.

« — Voyons, voulez-vous me le promettre? ten-
« dez-moi la main. »

« Et M. Waldeck restait immobile et silencieux.
Enfin il met sa main dans celle du supérieur, et, d'une
voix ferme, interprète d'une volonté énergique :
« Monsieur le supérieur, je vous le promets, je
« l'observerai. »

« Et depuis cette époque, ajoutait le narrateur,
jamais, non, jamais M. Waldeck n'a cessé de faire
son devoir pascal. Et c'est au règlement du vénérable
supérieur et à sa propre volonté, ferme et invariable,
qu'il a dû de se conserver pur et chrétien partout et
toujours. »

L'assistance à la messe chaque matin dans la
chapelle des jésuites de la rue Dugommier et la

méditation, comme un religieux, faisaient partie du
règlement qu'il s'était imposé.

Plusieurs fois bâtonnier de l'ordre, il a laissé
dans le barreau nantais un vide qui n'a pu être
comblé.

Sa parole ample, majestueuse, sa grande science
juridique avaient une haute autorité. Toutes les classes
étaient confondues et se pressaient dans son cabinet,
faisant antichambre pendant des jours entiers pour
avoir quelques minutes de consultation.

Que de services désintéressés il a rendus à la cause
de la justice et de la religion !

Un jour, un prêtre vendéen, que son zèle et sa
science avaient arraché à la poursuite des ennemis de
l'Église, était venu lui offrir les honoraires auxquels
il avait droit. Le jurisconsulte refuse de rien recevoir,
et, comme le prêtre insistait, M. Waldeck lui serrant
la main avec affection :

« Monsieur, lui dit-il, ma meilleure récompense
est le plaisir de vous avoir rendu service. »

En se retirant, l'ecclésiastique déposa furtivement
cent francs sur la cheminée du salon.

C'est aux pauvres, aux auditoires de la Sainte-
Famille et des patronages, que cet homme éloquent
a donné le dernier souffle de sa parole ; c'est aussi
aux pratiques de piété et aux saintes réflexions qu'il
a consacré les dernières années de sa vie, se préparant à paraître avec confiance devant le souverain
Juge.

Lors de l'exécution des décrets contre les religieux,
il donna un admirable exemple de courage et de reli-

gion. Il avait passé la dernière nuit avec les pères jésuites, et quand les crocheteurs arrivèrent au matin, M. Waldeck-Rousseau, père de M. Waldeck-Rousseau, ministre de l'intérieur sous Gambetta, sortit le premier, emmenant au bras un vénérable religieux octogénaire, que toute la ville de Nantes, et les ouvriers principalement, vénéraient comme un saint[1]. Il lui donna asile en sa maison jusqu'à sa mort.

La France n'a pas assez de ces catholiques.

M. Waldeck ne s'est pas contenté d'avoir des croyances religieuses, il a cherché à les communiquer à ceux de ses amis qui n'avaient pas ce bonheur, il s'est fait apôtre en certaines circonstances ; et, pour cela, rien ne lui manquait, ni l'autorité de la science et de la parole, ni le zèle, ni les sentiments de l'amitié la plus sincère.

Un prêtre qui l'a beaucoup connu nous écrit :

« La dernière fois que j'ai vu M. Waldeck-Rousseau c'est auprès d'un médecin très dangereusement malade. Ce médecin ne se confessait pas, bien qu'il fût un homme irréprochable au point de vue professionnel.

« M. Waldeck le connaissait, et nous le visitions tous les deux dans l'intérêt de son âme.

« Les démarches de l'ancien maire de Nantes furent couronnées de succès. Ce médecin se confessa et mourut après avoir reçu, avec une foi très vive et une édifiante piété, tous les sacrements de l'Église. L'honnête homme expira en bon chrétien.

[1] Le R. P. Labonde.

« En cas semblable, l'influence de M. Waldeck était presque toujours décisive, et il ne reculait jamais devant ce charitable apostolat[1]. »

[1] Le célèbre oculiste Guépin, impie et fougueux démocrate, fut aussi parfois l'apôtre de la vérité, tellement la religion a d'empire sur les plus incrédules.

Il y a environ trente-cinq ans, un intime ami du docteur Ange Guépin, médecin lui aussi, était à la veille d'une mort certaine. La femme du malade, profondément religieuse et dévouée, priait depuis longtemps pour sa conversion. Voyant entrer M. Guépin pour faire visite à son mari, cette dame lui dit avec un accent inspiré par sa foi et sa douleur : « Oh ! monsieur Guépin, que vous nous faites de mal ! — Et pourquoi donc, Madame ? reprend le docteur. — Mon mari va mourir en réprouvé, et vous en serez cause. — Moi, Madame ? je sais que nous avons dit, votre mari et moi, bien des impiétés, mais ce n'est plus le temps, laissez-moi faire. »

Puis, M. Guépin entre dans la chambre du malade ; et, assis près de lui, engage la conversation suivante : « Mon cher ami, vous voilà bien malade ! — Eh parbleu ! je ne le sais que trop... — Oui, mais votre état a empiré et nous cause de graves inquiétudes. — Où voulez-vous en venir ? — Il serait temps de mettre ordre à vos affaires. — Mais je laisse une femme et des enfants, et mes affaires sont en règle. — Ce n'est pas cela dont je veux parler. A votre place je me confesserais ! — Vous plaisantez, Guépin, dit le malade étonné ; est-ce que nous n'avons pas dit que toutes ces pratiques-là n'étaient que des bêtises ? — Oui, mon cher, *nous l'avons dit, mais nous ne l'avons pas prouvé. Et si par hasard nous nous étions trompés ?* »

Après avoir réfléchi un moment, le malade, qui avait repoussé jusque-là toutes les supplications de sa femme, terrassé par cette franche et brusque déclaration de son ami, lui dit : « Vous avez raison, Guépin, nous l'avons dit, mais nous ne l'avons pas prouvé ; je ne veux pas m'exposer à un regret éternel. Allez prier M. le curé de Saint-Nicolas[1] de venir me voir. »

Peu d'heures après, il se réconciliait avec Dieu, et mourait en bon chrétien.

Mais lui Guépin, qui avait dit : *A votre place je me confesserais*, est mort subitement en chemin de fer, et son cadavre a servi de prétexte à une manifestation impie et scandaleuse dans la bonne ville de Nantes.

1. M. l'abbé Fournier, depuis évêque de Nantes.

FIN

TABLE

——

25493. — Tours, impr. Mame.

www.ingramcontent.com/pod-product-compliance
Lightning Source LLC
Chambersburg PA
CBHW060517090426
42735CB00011B/2270